VEIT LINDAU

ZUKUNFTSWERK

Das Workbook
2024

Die unsichtbare Grenze

Wo ziehst du in deinem Leben die Grenze
zwischen möglich und unmöglich?
Und bist du dir da so sicher?

Dieses Buch ist ein Grenzverschieber.
Es hilft dir, Wunder Wirklichkeit werden zu lassen.

Wunder sind Zauberkram.
Wunder sind Ereignisse und Ergebnisse,
die du bis eben noch nicht für möglich gehalten hast.

In diesem Sinne wünsche ich dir
ein Jahr voller Wunder!

Hier ist Platz für ein Foto. Das kann ein Porträt von dir oder ein anderes Bild sein, das für dich symbolhaft repräsentiert, was du dir in diesem Jahr am meisten wünschst.

Dein Credo

Angenommen, dies wird das beste Jahr deines Lebens: Wie lautet dein Credo oder dein Motto für die kommenden 365 Tage?

....

....

Herzlich willkommen
in deinem Zukunftswerk

Ich heiße Veit Lindau und freue mich sehr, dass du dich entschieden hast, dich ein weiteres Jahr deines so kostbaren Lebens von mir begleiten zu lassen.

Dieses Buch ist das Nachfolgebuch von *Zukunftswerk*. Idealerweise hast du im vergangenen Jahr deine Ziele bereits mithilfe des Originals verwirklicht. Dort findest du die ausführliche Erläuterung und die Prinzipien, die hinter der speziellen Struktur dieses Buches stehen. Du kannst sie jederzeit noch einmal nachlesen.

Auch für dieses Buch gibt es ein zusätzliches Carepaket für deine einzigartige Reise. Du findest es unter dem folgenden Link oder QR-Code:

https://hi.homodea.com/mein-zukunftswerk

Dich erwarten hier gratis wertvolle, vertiefende Inhalte:
- Ein achtteiliger Onlineworkshop »Mein Zukunftswerk«, in dem ich dir ausführlich und unterhaltsam die wesentlichen Gesetze der erfolgreichen Realisierung von Visionen vorstelle. Dein tieferes Verständnis für Motivation, Manifestation und Flow wird die Wirkung von *Zukunftswerk* erheblich verstärken.
- eine App mit mehr als sechzig wunderschönen Meditationen für verschiedene Anlässe
- kurze und kompakte Tagesimpulse zur Erinnerung und Ermutigung direkt auf dein Handy

- eine ausgewählte Sammlung vertiefender Inspirationsvideos und -audios
- ein Austauschforum mit ähnlich gesinnten Menschen, die auch mit diesem Buch arbeiten

Ich gehe davon aus, dass du dieses Buch gewählt hast, weil du entweder am Beginn eines neuen Jahres oder einer neuen Lebensphase stehst. Was für ein aufregender Moment! Ich möchte dich einladen, noch einmal innezuhalten und dir vorzustellen, du betrittst wirklich Neuland. Stell dir vor, deine bisherigen Erfahrungen sagen nicht aus, was für dich möglich ist, sondern lediglich, was bisher für dich möglich erschien. Das ist ein großer Unterschied. Den meisten Menschen ist nicht bewusst, wie massiv ihre Erwartungshaltung beeinflusst, was ihnen geschieht. Sie produzieren relativ unbewusst mithilfe ihrer zigtausend täglichen Gedanken und mittels unzähliger Gewohnheiten ihre alltäglichen Resultate und reagieren dann darauf, als wäre ihnen diese Realität vorgesetzt worden. Das führt zu einer ständigen Reproduktion derselben Muster mit leichten Abweichungen in allen Bereichen – Gesundheit, Beziehung, Erfolg, Finanzen …

Dieses Buch ist ein Musterunterbrecher. Es ermutigt dich, frisch durchzustarten, indem du größer und kühner darüber denkst, was du willst und was du kannst. Gleichzeitig verleitet es dich nicht dazu, in dem kindlichen Glauben zu verharren, du müsstest lediglich einen Wunsch äußern und schon eilt das Universum gehorsam herbei, um ihn dir zu erfüllen. Es gibt viele tragikomische Träumer*innen, die an sogenanntem Schöpfungsstau leiden. Ich bin aus diesem Grund gar kein Freund der schillernden Erfolgsratgeber, die uns mit oberflächlichen »Manifestationsgesetzen« versprechen, dass das schon alles von ganz alleine wird. Tut es nämlich nicht. Hast du wahrscheinlich selbst bereits bemerkt. Nicht nur das. Visionen wirken toxisch, wenn wir ihnen keine Brücke auf die Erde bauen. Wir verwirren unser Gehirn, wenn wir ihm wunderschöne Träume, jedoch keinen konkreten Umsetzungsplan anbieten. Je größer die Lücke zwischen unseren Ideen und den Taten wird, desto tiefer sinkt unser Selbstbewusstsein in den Keller. Ich will dich keineswegs frustrieren. Denn die Lösung liegt in deinen Händen. Erfolg ist nämlich keine Geheimlehre oder eine magische Zauberformel. Erfolg ist eine Wissenschaft, die wir alle erlernen können.

Zukunftswerk zeigt dir einen machbaren, wissenschaftlich fundierten Weg, wie du deine PS tatsächlich auf die Straße bringst. Und zwar nicht durch Hauruckaktionen, sondern durch eine elegante, fast unmerkliche Umstellung deiner

Gewohnheiten. Wenn du bereits mit dem ersten Buch gearbeitet hast, ist dir die Herangehensweise vertraut und wahrscheinlich bereits in Fleisch und Blut übergegangen. Falls du dich dem Konzept zum ersten Mal öffnest oder du deine Erinnerung auffrischen möchtest, hier ganz kurz die Grundideen: Niemand von uns lebt sein volles Potenzial – egal, wie alt wir sind. Um seine Entfaltung zu stimulieren, braucht unser Gehirn Ziele in einer ganz bestimmten Qualität. Sie müssen unser Gehirn positiv erregen und außerhalb unserer Komfortzone liegen. Allerdings nicht so weit draußen, dass sie uns eher stressen als motivieren. Der Coach und Lehrer in mir ist damit sehr hartnäckig. Bitte schau dir den für dich kostenlosen Workshop »Mein Zukunftswerk« an. Die verschiedenen Zielformen zu verstehen, wird dir enorm viel Energie und Zeit sparen.

Ich höre von meinen Klient*innen immer mal wieder die Frage: »Veit, brauche ich denn überhaupt Ziele? Mein Alltag ist eh schon so voll und anstrengend.« Exakt! Das ist er, weil du die ganze Zeit Zielen folgst, die nicht hundertprozentig deine sind. Weil dazu so viele Missverständnisse existieren, kommt hier eine kleine Lobeshymne auf Ziele:

1. Du kannst gar nicht ohne Ziele leben. Dein Gehirn ist evolutionsbedingt eine superintelligente Zielerfüllungsmaschine.

2. Wenn du dir nicht selbst bewusst Ziele setzt, greift dein Unterbewusstsein automatisch auf alte Ziele (aus deiner Kindheit) oder fremde Ziele (zum Beispiel aus der Werbung oder Social Media) zurück. Machen diese dich glücklich?

3. Sinnvoll gewählte Ziele geben dir Orientierung in einer extrem komplexen Welt. Du kannst mit ihrer Hilfe stets überprüfen, ob du auf dem für dich richtigen Weg bist.

4. Du kannst dich selbst weniger bescheißen, wenn du dich mit konkreten Zielen festlegst. Denn du kannst an ihnen täglich messen, ob du vorankommst.

5. Große Visionen können uns begeistern, aber auch lähmen. Denn wenn wir unserem Gehirn keinen machbaren Weg anbieten, geht es nicht los. Deshalb hilft dir Zukunftswerk dabei, deine Ziele so weit herunterzubrechen, dass dein Gehirn den nächsten Schritt erkennt. Das erzeugt Momentum. Momentum erzeugt Befriedigung, Wachstum und stärkt deinen Selbstwert.

6. Kristallklare Ziele für jeden Tag sorgen für Flow-Erfahrungen, denn sie verringern deine kognitive Last. Du kannst dich auf die Gegenwart konzentrieren, weil du weißt, was jetzt zu tun ist.

7. Erfolg ist niemals eine Einzelleistung. Je größer deine Vision, desto mehr wirst du auf Unterstützung angewiesen sein. Klar formulierte Ziele helfen dir, die wirklich passenden Weggefährt*innen schneller zu finden und eure verschiedenen Stärken in einer gemeinsamen Mission zu verbinden.

8. Nicht angegangene Träume kreieren eine negative Abwärtsspirale. Sie verstärken die Erfahrung der erlernten Hilflosigkeit. Diese wiederum schwächt unsere Selbstachtung. Das führt zwangsläufig zu noch mehr Misserfolgen. Indem wir uns kleine Ziele setzen, die wir tatsächlich verwirklichen, lösen wir den schmerzhaften Schöpfungsstau auf. Wir vertiefen dadurch die Erfahrung von Selbstwirksamkeit. Unser Unterbewusstsein realisiert die noch so kleinen Erfolge und schlussfolgert daraus, dass wir auch größere Vorhaben schaffen können. Es entsteht eine positive Aufwärtsspirale. Erfolg stärkt die Selbstwirksamkeit, stärkt die Selbstachtung und führt zu noch größerem Erfolg, was wiederum die Selbstwirksamkeit stärkt ...

9. Klar definierte Ziele können auch helfen, Stress und Angst zu reduzieren, da sie dir ein Gefühl der Kontrolle und Vorhersehbarkeit geben. Studien zeigen, dass das Setzen von kleinen, machbaren Zielen bei Patient*innen mit Angststörungen zu einer signifikanten Verbesserung der Symptome führte.

10. Last, but not least: Die meisten begehen den Fehler, den Hauptsinn eines Zieles in seiner Erfüllung zu sehen. Natürlich ist das cool und nützlich. Doch sicher ist dir bereits aufgefallen, dass nach jedem Ziel bereits das nächste auf dich wartet. Es geht nicht ums Ankommen. Es geht darum, wer du auf dem Weg zur Erfüllung werden musst. Was wirst du lernen? Was wirst du über dich erfahren? Welche alten Grenzen lässt du los? Welche bisher verborgenen Schätze bringst du ans Tageslicht?

Ich wünsche dir von Herzen kühne Visionen und die Selbstliebe, sie lässig und zugleich diszipliniert umzusetzen.

Lass uns loslegen!

Dein Powerziel

Die Bedeutung deines Powerziels kannst du im Originalbuch *Zukunftswerk* nachlesen. Du hast sicher mehrere Ziele. Sie werden sich alle gegenseitig fördern. Dein Powerziel ist der Gamechanger, der Turbo für deine gesamte Vision. Lass dir Zeit bei der Auswahl. Entscheide dich für das Ziel, das dein Herz am meisten berührt. Dein Powerziel muss *konkret, positiv, emotional berührend* und *gegenwärtig* formuliert sein. Es sollte auf ein Datum festgelegt und messbar sein. Das bedeutet, du weißt ganz sicher, wenn du es erreicht hast. Ein Powerziel könnte zum Beispiel so lauten: *»Ich freue mich riesig, weil ich heute, am 30. März 2024, ein brillantes, überzeugendes Exposé für mein Buch an zehn Verlage abgeschickt habe.«* Oder so: *»Ich feiere am 1. Mai 2024, dass ich endlich einen Job in meiner Traumcompany bekommen habe und hier meine Talente in Freude und gut bezahlt (Gehalt = …) entfalten kann.«*

Ich empfehle dir, ein Ziel zu wählen, das im Zeitraum von drei bis zwölf Monaten realistisch zu schaffen ist. Aufstocken (in der Größe) kannst du immer noch, wenn es gut anläuft. Du kannst weitere Powerziele aufschreiben, **wenn** du das erste erreicht hast.

Ich wähle als mein erstes Powerziel:

....

....

....

Warum ist dir dieses Powerziel so wichtig?

1. Weil ....

2. Weil ....

3. Weil ....

Ich wähle als mein zweites Powerziel:

....

....

....

....

Warum ist dir dieses Powerziel so wichtig?

1. Weil ....

2. Weil ....

3. Weil ....

Ich wähle als mein drittes Powerziel:

....

....

....

....

Warum ist dir dieses Powerziel so wichtig?

1. Weil ....

2. Weil ....

3. Weil ....

DEIN SPRINT

FÜHLE DEIN POWERZIEL!

Lege deine Lieblingsmusik auf, die dir Kraft spendet und zum Träumen einlädt. Blättere auf Seite 8 und tauche voll in dein Ziel ein, so als wäre es bereits verwirklicht.

Was oder wer könnte dich in den kommenden 14 Tagen auf deinem Weg zu diesem Ziel wirksam stärken, inspirieren, unterstützen?

....

....

SPRINTZIEL 1	SPRINTZIEL 2	SPRINTZIEL 3
Das werde ich in diesem Sprint für mein Powerziel umsetzen:	*Das werde ich in diesem Sprint für meine Gesamtvision umsetzen:*	*Das werde ich in diesem Sprint für meine pure Freude umsetzen:*

SPRINTCHECK

- ■ Ich kann meine Sprintziele in diesem Zeitraum realistisch umsetzen.
- ■ Meine Sprintziele fordern mich ausreichend heraus.
- ■ Meine Sprintziele unterstützen mein Powerziel, meine Gesamtvision und meine Freude.

NOTIZEN

....

....

....

....

....

....

....

....

....

....

....

....

....

....

MONTAG:

- Schlafqualität:................................
- Powerhandlung:............................
- Deep-Flow-Zeiten:.........................
- Zeit für mich:...............................
- Morgenritual ▪ Abendritual

MEINE ABSICHT

....

....

....

....

....

DIENSTAG:

- Schlafqualität:................................
- Powerhandlung:............................
- Deep-Flow-Zeiten:.........................
- Zeit für mich:...............................
- Morgenritual ▪ Abendritual

MITTWOCH:

- Schlafqualität:................................
- Powerhandlung:............................
- Deep-Flow-Zeiten:.........................
- Zeit für mich:...............................
- Morgenritual ▪ Abendritual

DONNERSTAG:

- Schlafqualität:................................
- Powerhandlung:............................
- Deep-Flow-Zeiten:.........................
- Zeit für mich:...............................
- Morgenritual ▪ Abendritual

WOZU BIST DU AM LEBEN, WENN NICHT UM ALLES ZU WOLLEN UND ALLES ZU GEBEN?

....

....

....

....

....

....

GEISTESBLITZE

....

....

....

SONNTAG:

- ■ Schlafqualität:...................................
- ■ Powerhandlung:...................................
- ■ Deep-Flow-Zeiten:...............................
- ■ Zeit für mich:.....................................
- ■ Morgenritual   ■ Abendritual

SAMSTAG:

- ■ Schlafqualität:...................................
- ■ Powerhandlung:...................................
- ■ Deep-Flow-Zeiten:...............................
- ■ Zeit für mich:.....................................
- ■ Morgenritual   ■ Abendritual

FREITAG:

- ■ Schlafqualität:...................................
- ■ Powerhandlung:...................................
- ■ Deep-Flow-Zeiten:...............................
- ■ Zeit für mich:.....................................
- ■ Morgenritual   ■ Abendritual

MONTAG:

- Schlafqualität: ....
- Powerhandlung: ....
- Deep-Flow-Zeiten: ....
- Zeit für mich: ....
- Morgenritual ▪ Abendritual

MEINE ABSICHT

....

....

....

....

....

DIENSTAG:

- Schlafqualität: ....
- Powerhandlung: ....
- Deep-Flow-Zeiten: ....
- Zeit für mich: ....
- Morgenritual ▪ Abendritual

MITTWOCH:

- Schlafqualität: ....
- Powerhandlung: ....
- Deep-Flow-Zeiten: ....
- Zeit für mich: ....
- Morgenritual ▪ Abendritual

DONNERSTAG:

- Schlafqualität: ....
- Powerhandlung: ....
- Deep-Flow-Zeiten: ....
- Zeit für mich: ....
- Morgenritual ▪ Abendritual

VISUALISIERE DICH SELBST
IM AUGENBLICK EINES
WUNDERSCHÖNEN, TIEFEN,
HINGEBUNGSVOLLEN
ORGASMUS. UND JETZT
AUCH ALL DIE MENSCHEN
UM DICH HERUM. WIE
FÜHLT SICH DAS AN?

....

....

....

....

GEISTESBLITZE ·

....

....

....

SONNTAG:

- Schlafqualität:................................
- Powerhandlung:...............................
- Deep-Flow-Zeiten:............................
- Zeit für mich:.................................
- Morgenritual   Abendritual

SAMSTAG:

- Schlafqualität:................................
- Powerhandlung:...............................
- Deep-Flow-Zeiten:............................
- Zeit für mich:.................................
- Morgenritual   Abendritual

FREITAG:

- Schlafqualität:................................
- Powerhandlung:...............................
- Deep-Flow-Zeiten:............................
- Zeit für mich:.................................
- Morgenritual   Abendritual

Sei smart – sei dankbar

Wenn ich nur eine Sache unterrichten dürfte, dann wäre es Dankbarkeit.

Dankbarkeit ist eine der positivsten Tugenden, die ein Mensch kultivieren kann. Sie ist nicht nur ein Gefühl, sie ist eine Haltung gegenüber dem Leben. Sie verkörpert die Wahl, täglich all das abzuerkennen, was wir viel zu schnell für selbstverständlich nehmen: ein Dach über dem Kopf; die Fähigkeit zu denken, zu berühren, zu lieben; ein freundliches Wort; eine treue Beziehung. Nichts davon ist selbstverständlich.

Impuls

Es gibt unzählige Studien, die die positiven Auswirkungen von Dankbarkeit auf unsere körperliche und geistige Gesundheit belegen. Dankbare Menschen sind glücklicher, weniger gestresst und leiden seltener an psychischen Erkrankungen. Sie haben auch ein stärkeres Immunsystem, schlafen besser, sind weniger erschöpft und leben länger.

Dankbarkeit kann unsere Beziehungen zu anderen Menschen stärken. Wenn wir dankbar sind, zeigen wir unseren Mitmenschen, dass wir sie schätzen und respektieren. Menschen, die dankbar sind, sind oft auch großzügiger und helfen anderen gerne.

Es ist wichtig zu betonen, dass Dankbarkeit nicht bedeutet, dass wir unser Leben und unsere Probleme ignorieren oder verleugnen sollen. Es geht vielmehr darum, die Dinge in unserem Leben zu schätzen, die uns glücklich machen und uns unterstützen. Selbst in schwierigen Zeiten gibt es immer noch Dinge, für die wir dankbar sein können. Indem wir uns auf die Schönheit in unserem Leben konzentrieren, können wir unsere negativen Gedanken und Emotionen reduzieren.

Hör auf zu meckern. Bedanke dich mehr. Und staune, was passiert.

Was oder wen nimmst du schon lange für viel zu selbstverständlich? Wofür bist du heute besonders dankbar?

....

....

MEINE RÜCKSCHAU FÜR DIE LETZTEN 14 TAGE

Ich habe Sprintziel 1 erreicht: Ja   Nein

Ich habe Sprintziel 2 erreicht: Ja   Nein

Ich habe Sprintziel 3 erreicht: Ja   Nein

DAS LIEF IN DIESEM SPRINT SEHR GUT:

DAS WILL ICH IM NÄCHSTEN SPRINT VERBESSERN:

MEINE WERTVOLLSTEN ERKENNTNISSE:

ICH BIN DANKBAR FÜR:

DEIN SPRINT

Lege deine Lieblingsmusik auf, die dir Kraft spendet und zum Träumen einlädt. Blättere auf Seite 8 und tauche voll in dein Ziel ein, so als wäre es bereits verwirklicht.

Was oder wer könnte dich in den kommenden 14 Tagen auf deinem Weg zu diesem Ziel wirksam stärken, inspirieren, unterstützen?

....

....

SPRINTZIEL 1

Das werde ich in diesem Sprint für mein Powerziel umsetzen:

....

....

....

SPRINTZIEL 2

Das werde ich in diesem Sprint für meine Gesamtvision umsetzen:

....

....

....

SPRINTZIEL 3

Das werde ich in diesem Sprint für meine pure Freude umsetzen:

....

....

....

SPRINTCHECK

- ■ Ich kann meine Sprintziele in diesem Zeitraum realistisch umsetzen.
- ■ Meine Sprintziele fordern mich ausreichend heraus.
- ■ Meine Sprintziele unterstützen mein Powerziel, meine Gesamtvision und meine Freude.

NOTIZEN

....

....

....

....

....

....

....

....

....

....

....

....

....

MONTAG:

- Schlafqualität: ....
- Powerhandlung: ....
- Deep-Flow-Zeiten: ....
- Zeit für mich: ....
- Morgenritual   ■ Abendritual

MEINE ABSICHT

....

....

....

....

....

DIENSTAG:

- Schlafqualität: ....
- Powerhandlung: ....
- Deep-Flow-Zeiten: ....
- Zeit für mich: ....
- Morgenritual   ■ Abendritual

MITTWOCH:

- Schlafqualität: ....
- Powerhandlung: ....
- Deep-Flow-Zeiten: ....
- Zeit für mich: ....
- Morgenritual   ■ Abendritual

DONNERSTAG:

- Schlafqualität: ....
- Powerhandlung: ....
- Deep-Flow-Zeiten: ....
- Zeit für mich: ....
- Morgenritual   ■ Abendritual

WAS, WENN DEINE UNBÄNDIGE SEHNSUCHT NACH SÜSSEM, WILDEM, TIEFEM LEBEN KEIN IRRTUM, SONDERN HEILIG IST?

....

....

....

....

....

GEISTESBLITZE

....

....

....

SONNTAG:

- Schlafqualität:............................
- Powerhandlung:............................
- Deep-Flow-Zeiten:............................
- Zeit für mich:............................
- Morgenritual   ▪ Abendritual

SAMSTAG:

- Schlafqualität:............................
- Powerhandlung:............................
- Deep-Flow-Zeiten:............................
- Zeit für mich:............................
- Morgenritual   ▪ Abendritual

FREITAG:

- Schlafqualität:............................
- Powerhandlung:............................
- Deep-Flow-Zeiten:............................
- Zeit für mich:............................
- Morgenritual   ▪ Abendritual

MONTAG:

- ◼ Schlafqualität: ....
- ◼ Powerhandlung: ....
- ◼ Deep-Flow-Zeiten: ....
- ◼ Zeit für mich: ....
- ◼ Morgenritual ◼ Abendritual

DIENSTAG:

- ◼ Schlafqualität: ....
- ◼ Powerhandlung: ....
- ◼ Deep-Flow-Zeiten: ....
- ◼ Zeit für mich: ....
- ◼ Morgenritual ◼ Abendritual

MITTWOCH:

- ◼ Schlafqualität: ....
- ◼ Powerhandlung: ....
- ◼ Deep-Flow-Zeiten: ....
- ◼ Zeit für mich: ....
- ◼ Morgenritual ◼ Abendritual

DONNERSTAG:

- ◼ Schlafqualität: ....
- ◼ Powerhandlung: ....
- ◼ Deep-Flow-Zeiten: ....
- ◼ Zeit für mich: ....
- ◼ Morgenritual ◼ Abendritual

MEINE ABSICHT

....

....

....

....

....

ERINNERST DU DICH NOCH AN DEINE KINDHEIT? DU HAST JEDE PFÜTZE IN EINEN OZEAN DER MÖGLICHKEITEN VERWANDELT. JEDER TAG WAR EIN EINZIGES, GROSSARTIGES ABENTEUER. WIE IST ES HEUTE?

....

....

....

....

GEISTESBLITZE

....

....

....

SONNTAG:

- Schlafqualität:..
- Powerhandlung:.......................................
- Deep-Flow-Zeiten:..................................
- Zeit für mich:...
- ◼ Morgenritual   ◼ Abendritual

SAMSTAG:

- Schlafqualität:...............................
- Powerhandlung:............................
- Deep-Flow-Zeiten:.......................
- Zeit für mich:...............................
- ◼ Morgenritual   ◼ Abendritual

FREITAG:

- Schlafqualität:................................
- Powerhandlung:.............................
- Deep-Flow-Zeiten:.........................
- Zeit für mich:................................
- ◼ Morgenritual   ◼ Abendritual

Die Macht einer guten Frage

In einer Welt, in der alle nach schnellen Antworten suchen, sollten wir so weise sein, uns erst einmal Zeit zum Finden der richtigen Frage zu nehmen. Denn es sind die Fragen, die unseren Geist lenken. Die richtigen Fragen können uns innerhalb von Sekunden von einem Universum in ein anderes beamen.

Schlechte Fragen haben einen negativen Einfluss auf unser Glück und unseren Erfolg. Wenn wir uns beispielsweise ständig fragen, warum uns Dinge nicht gelingen oder was falsch an uns ist, werden wir uns automatisch auf die negativen Aspekte unseres Lebens konzentrieren und uns von unseren Zielen entfernen.

Wenn wir uns dagegen fragen, was uns glücklich macht oder welche Schritte wir unternehmen müssen, um unsere Ziele zu erreichen, setzen wir uns automatisch in Bewegung. Dein Bewusstsein kann guten Fragen nicht widerstehen. Es wird ihnen folgen bis in die manifestierte Antwort hinein. Wenn du ein signifikant anderes Leben willst, musst du dir andere Fragen stellen. Suche nicht nach fertigen Antworten. Suche nach neuen Fragen.

Ich lade dich daher ein, dir bewusst zu machen, welche Fragen du dir in deinem Alltag stellst. Sind es positive Fragen, die dich voranbringen? Oder sind es negative Fragen, die dich zurückhalten?

Mit welcher Frage könntest du heute deinen Geist dehnen?

Hier kommen sieben Powerfragen, die du dir regelmäßig stellen kannst, um deine Ziele zu erreichen:

1. Was würde ich tun, wenn alles möglich wäre?
2. Was würde ich tun, wenn ich genau wüsste, was mir guttut?
3. Was würde ich tun, wenn ich keine Angst vor Fehlern hätte?
4. Was würde ich tun, wenn ich wüsste, dass dies mein letztes Jahr auf dieser Welt ist?
5. Wird mein Herz warm, wenn ich an dieses Ziel denke?
6. Was sind die fünf bis zehn Tätigkeiten, bei denen ich die Zeit vergesse, wenn ich sie tue?
7. Wie konkret werde ich die Welt in den kommenden zwölf Monaten schöner und freundlicher machen?

MEINE RÜCKSCHAU FÜR DIE LETZTEN 14 TAGE

Ich habe Sprintziel 1 erreicht: Ja   Nein

Ich habe Sprintziel 2 erreicht: Ja   Nein

Ich habe Sprintziel 3 erreicht: Ja   Nein

DAS LIEF IN DIESEM SPRINT SEHR GUT:

....

....

....

DAS WILL ICH IM NÄCHSTEN SPRINT VERBESSERN:

....

....

....

MEINE WERTVOLLSTEN ERKENNTNISSE:

....

....

....

ICH BIN DANKBAR FÜR:

....

....

....

DEIN SPRINT

FÜHLE DEIN POWERZIEL!

Lege deine Lieblingsmusik auf, die dir Kraft spendet und zum Träumen einlädt. Blättere auf Seite 8 und tauche voll in dein Ziel ein, so als wäre es bereits verwirklicht.

Was oder wer könnte dich in den kommenden 14 Tagen auf deinem Weg zu diesem Ziel wirksam stärken, inspirieren, unterstützen?

....

....

SPRINTZIEL 1

Das werde ich in diesem Sprint für mein Powerziel umsetzen:

....

....

....

SPRINTZIEL 2

Das werde ich in diesem Sprint für meine Gesamtvision umsetzen:

....

....

....

SPRINTZIEL 3

Das werde ich in diesem Sprint für meine pure Freude umsetzen:

....

....

....

SPRINTCHECK

- ▪ Ich kann meine Sprintziele in diesem Zeitraum realistisch umsetzen.
- ▪ Meine Sprintziele fordern mich ausreichend heraus.
- ▪ Meine Sprintziele unterstützen mein Powerziel, meine Gesamtvision und meine Freude.

NOTIZEN

MONTAG:

- Schlafqualität:...............................
- Powerhandlung:............................
- Deep-Flow-Zeiten:.........................
- Zeit für mich:...............................
- Morgenritual   ▪ Abendritual

DIENSTAG:

- Schlafqualität:...............................
- Powerhandlung:............................
- Deep-Flow-Zeiten:.........................
- Zeit für mich:...............................
- Morgenritual   ▪ Abendritual

MITTWOCH:

- Schlafqualität:...............................
- Powerhandlung:............................
- Deep-Flow-Zeiten:.........................
- Zeit für mich:...............................
- Morgenritual   ▪ Abendritual

DONNERSTAG:

- Schlafqualität:...............................
- Powerhandlung:............................
- Deep-Flow-Zeiten:.........................
- Zeit für mich:...............................
- Morgenritual   ▪ Abendritual

MEINE ABSICHT

....

....

....

....

....

WENN DU KEIN GELD MEHR BRÄUCHTEST, WELCHER ARBEIT WÜRDEST DU DENNOCH NACHGEHEN?

....

....

....

....

....

....

GEISTESBLITZE

....

....

....

SONNTAG:

■ Schlafqualität:............................

■ Powerhandlung:............................

■ Deep-Flow-Zeiten:........................

■ Zeit für mich:..............................

■ Morgenritual   ■ Abendritual

SAMSTAG:

■ Schlafqualität:............................

■ Powerhandlung:............................

■ Deep-Flow-Zeiten:........................

■ Zeit für mich:..............................

■ Morgenritual   ■ Abendritual

FREITAG:

■ Schlafqualität:............................

■ Powerhandlung:............................

■ Deep-Flow-Zeiten:........................

■ Zeit für mich:..............................

■ Morgenritual   ■ Abendritual

MONTAG:

- ▪ Schlafqualität: ....
- ▪ Powerhandlung: ....
- ▪ Deep-Flow-Zeiten: ....
- ▪ Zeit für mich: ....
- ▪ Morgenritual   ▪ Abendritual

MEINE ABSICHT

....

....

....

....

....

DIENSTAG:

- ▪ Schlafqualität: ....
- ▪ Powerhandlung: ....
- ▪ Deep-Flow-Zeiten: ....
- ▪ Zeit für mich: ....
- ▪ Morgenritual   ▪ Abendritual

MITTWOCH:

- ▪ Schlafqualität: ....
- ▪ Powerhandlung: ....
- ▪ Deep-Flow-Zeiten: ....
- ▪ Zeit für mich: ....
- ▪ Morgenritual   ▪ Abendritual

DONNERSTAG:

- ▪ Schlafqualität: ....
- ▪ Powerhandlung: ....
- ▪ Deep-Flow-Zeiten: ....
- ▪ Zeit für mich: ....
- ▪ Morgenritual   ▪ Abendritual

STELL DIR VOR, DU HÄTTEST KEINE ANGST. WAS WÜRDEST DU SOFORT TUN?

....

....

....

....

....

GEISTESBLITZE

....

....

....

SONNTAG:

■ Schlafqualität:...............................

■ Powerhandlung:..............................

■ Deep-Flow-Zeiten:.........................

■ Zeit für mich:................................

■ Morgenritual   ■ Abendritual

SAMSTAG:

■ Schlafqualität:...............................

■ Powerhandlung:..............................

■ Deep-Flow-Zeiten:.........................

■ Zeit für mich:................................

■ Morgenritual   ■ Abendritual

FREITAG:

■ Schlafqualität:...............................

■ Powerhandlung:..............................

■ Deep-Flow-Zeiten:.........................

■ Zeit für mich:................................

■ Morgenritual   ■ Abendritual

Schreibe dein eigenes Drehbuch

Impuls

Der Gedanke, dass du dein eigenes Leben wie ein Drehbuch gestalten kannst, mag zunächst etwas ungewöhnlich oder gar naiv klingen. Doch in Wirklichkeit ist es eine sinnvolle und wirksame Art, das Leben selbst in die Hand zu nehmen.

Es ist wichtig, zu erkennen, dass wir oft in alten Gewohnheiten und Denkmustern gefangen sind, die uns daran hindern, unser volles Potenzial auszuschöpfen. Wir reagieren reflexartig auf Situationen, statt aktiv zu agieren. Wir könnten auch sagen: Wir sind Gefangene eines Drehbuches, das wir nicht einmal selbst geschrieben haben.

Wenn wir uns jedoch bewusst dazu entscheiden, uns Zeit zu nehmen, tief durchzuatmen und unser Denken zu erweitern, können wir ein neues Drehbuch schreiben, das uns erfüllt und in eine positive Richtung führt.

Es ist okay, unverschämte Wünsche zu haben und etwas zu wollen, das im Moment unerreichbar scheint. Dein Verstand ist ein Möglichkeitenerfüller. Er wartet auf deine Anweisungen. Mit einem Drehbuch in der Hand kann er sich Schritt für Schritt daranmachen, es für dich zum Leben zu erwecken.

Es ist also ein gutes Zeichen, wenn du beim Formulieren deines neuen Skripts eine Mischung aus leiser Scham und freudiger Erregung empfindest. Das bedeutet nämlich, du erschaffst gerade wirklich etwas Neues. Schreibe es auf. Schreibe auf, welche Hauptrolle du spielen willst und worum es in deinem Film gehen soll. Wer bist du? Was erlebst du? Was bewirkst du? Welche weiteren Akteur*innen wünschst du dir in deinem Film?

Lies dir dein Drehbuch täglich durch und erwecke es durch deine Handlungen zum Leben. Du bist keine Reaktionsmaschine. Du bist ein*e Schöpfer*in.

MEINE RÜCKSCHAU FÜR DIE LETZTEN 14 TAGE

Ich habe Sprintziel 1 erreicht: Ja   Nein

Ich habe Sprintziel 2 erreicht: Ja   Nein

Ich habe Sprintziel 3 erreicht: Ja   Nein

DAS LIEF IN DIESEM SPRINT SEHR GUT:

....

....

....

....

DAS WILL ICH IM NÄCHSTEN SPRINT VERBESSERN:

....

....

....

....

MEINE WERTVOLLSTEN ERKENNTNISSE:

....

....

....

....

ICH BIN DANKBAR FÜR:

....

....

....

....

DEIN SPRINT

Blättere auf Seite 8

FÜHLE DEIN POWERZIEL!

Lege deine Lieblingsmusik auf, die dir Kraft spendet und zum Träumen einlädt. Blättere auf Seite 8 und tauche voll in dein Ziel ein, so als wäre es bereits verwirklicht.

Was oder wer könnte dich in den kommenden 14 Tagen auf deinem Weg zu diesem Ziel wirksam stärken, inspirieren, unterstützen?

....

....

SPRINTZIEL 1

Das werde ich in diesem Sprint für mein Powerziel umsetzen:

....

....

....

SPRINTZIEL 2

Das werde ich in diesem Sprint für meine Gesamtvision umsetzen:

....

....

....

SPRINTZIEL 3

Das werde ich in diesem Sprint für meine pure Freude umsetzen:

....

....

....

SPRINTCHECK

■ Ich kann meine Sprintziele in diesem Zeitraum realistisch umsetzen.

■ Meine Sprintziele fordern mich ausreichend heraus.

■ Meine Sprintziele unterstützen mein Powerziel, meine Gesamtvision und meine Freude.

NOTIZEN

MONTAG:

▪ Schlafqualität: ....

▪ Powerhandlung: ....

▪ Deep-Flow-Zeiten: ....

▪ Zeit für mich: ....

▪ Morgenritual ▪ Abendritual

MEINE ABSICHT

....

....

....

....

....

DIENSTAG:

▪ Schlafqualität: ....

▪ Powerhandlung: ....

▪ Deep-Flow-Zeiten: ....

▪ Zeit für mich: ....

▪ Morgenritual ▪ Abendritual

MITTWOCH:

▪ Schlafqualität: ....

▪ Powerhandlung: ....

▪ Deep-Flow-Zeiten: ....

▪ Zeit für mich: ....

▪ Morgenritual ▪ Abendritual

DONNERSTAG:

▪ Schlafqualität: ....

▪ Powerhandlung: ....

▪ Deep-Flow-Zeiten: ....

▪ Zeit für mich: ....

▪ Morgenritual ▪ Abendritual

INSPIRIERT DEIN LEBEN ANDERE MENSCHEN?

....

....

....

....

....

....

....

GEISTESBLITZE

....

....

....

SONNTAG:

- ▪ Schlafqualität:...............................
- ▪ Powerhandlung:...............................
- ▪ Deep-Flow-Zeiten:...............................
- ▪ Zeit für mich:...............................
- ▪ Morgenritual   ▪ Abendritual

SAMSTAG:

- ▪ Schlafqualität:...............................
- ▪ Powerhandlung:...............................
- ▪ Deep-Flow-Zeiten:...............................
- ▪ Zeit für mich:...............................
- ▪ Morgenritual   ▪ Abendritual

FREITAG:

- ▪ Schlafqualität:...............................
- ▪ Powerhandlung:...............................
- ▪ Deep-Flow-Zeiten:...............................
- ▪ Zeit für mich:...............................
- ▪ Morgenritual   ▪ Abendritual

MONTAG:

- ◼ Schlafqualität: ....
- ◼ Powerhandlung: ....
- ◼ Deep-Flow-Zeiten: ....
- ◼ Zeit für mich: ....
- ◼ Morgenritual   ◼ Abendritual

MEINE ABSICHT

....

....

....

....

....

DIENSTAG:

- ◼ Schlafqualität: ....
- ◼ Powerhandlung: ....
- ◼ Deep-Flow-Zeiten: ....
- ◼ Zeit für mich: ....
- ◼ Morgenritual   ◼ Abendritual

MITTWOCH:

- ◼ Schlafqualität: ....
- ◼ Powerhandlung: ....
- ◼ Deep-Flow-Zeiten: ....
- ◼ Zeit für mich: ....
- ◼ Morgenritual   ◼ Abendritual

DONNERSTAG:

- ◼ Schlafqualität: ....
- ◼ Powerhandlung: ....
- ◼ Deep-Flow-Zeiten: ....
- ◼ Zeit für mich: ....
- ◼ Morgenritual   ◼ Abendritual

VON WELCHEM MENSCHEN WÜRDEST DU DIR SO GERN ETWAS KONKRETES WÜNSCHEN? SPRICH ES AUS, HEUTE.

....

....

....

....

....

GEISTESBLITZE

....

....

....

SONNTAG:

- Schlafqualität:................................
- Powerhandlung:..............................
- Deep-Flow-Zeiten:..........................
- Zeit für mich:.................................
- Morgenritual   ■ Abendritual

SAMSTAG:

- Schlafqualität:................................
- Powerhandlung:..............................
- Deep-Flow-Zeiten:..........................
- Zeit für mich:.................................
- Morgenritual   ■ Abendritual

FREITAG:

- Schlafqualität:................................
- Powerhandlung:..............................
- Deep-Flow-Zeiten:..........................
- Zeit für mich:.................................
- Morgenritual   ■ Abendritual

Welchen Samen pflanzt du heute für deine Ernte von morgen?

Wenn ich nach dem größten Geheimnis meines Erfolges gefragt werde, dann ist es wohl dieses: Ich bin drangeblieben. Ich habe immer darauf vertraut, dass das Leben Träume nicht grundlos in mein Herz pflanzt. Sie sind die geistige DNA einer realen Möglichkeit, die nur ich selbst erschaffen kann.

Wir lassen jeden Tag achtlos Samen in Form von Gedanken und Handlungen aus unseren Taschen rutschen. Hin und wieder wachen wir dann erstaunt auf und fragen uns, wie wir wohl in diesen Wald voller Zitronenbäume geraten sind, obwohl wir uns doch eigentlich nach süßen Feigen sehnen. Es gibt keine Zufälle. Deine gegenwärtige Realität ist das Ergebnis deiner Gewohnheiten der letzten zwölf Monate. Dein Leben folgt Mustern. Und das impulsgebende Zentrum dieser Muster bist du!

Wenn all unsere Impulse immer gleich Erfolg zeigen würden, wäre das auf Dauer langweilig. Beobachte einmal die verschiedenen Pflanzen in einem Garten. Sie wachsen nicht linear und sie wachsen auch nicht kontinuierlich. Manchmal passiert scheinbar für eine lange Zeit nichts und dann, peng!, schießen sie aus dem Boden.

So ist es auch mit deinen Träumen. Lege das Beet an. Bewässere es täglich. Und vertraue ...

Wenn du die Ernte einfährst, wirst du dir selbst so dankbar sein, dass du nicht aufgegeben hast.

Was ist dein größter Traum? Welchen Samen wirst du heute für die Zukunft säen, in der du in einem Jahr aufwachen wirst?

....

....

....

MEINE RÜCKSCHAU FÜR DIE LETZTEN 14 TAGE

Ich habe Sprintziel 1 erreicht: Ja   Nein

Ich habe Sprintziel 2 erreicht: Ja   Nein

Ich habe Sprintziel 3 erreicht: Ja   Nein

DAS LIEF IN DIESEM SPRINT SEHR GUT:

DAS WILL ICH IM NÄCHSTEN SPRINT VERBESSERN:

MEINE WERTVOLLSTEN ERKENNTNISSE:

ICH BIN DANKBAR FÜR:

DEIN SPRINT

FÜHLE DEIN POWERZIEL!

Lege deine Lieblingsmusik auf, die dir Kraft spendet und zum Träumen einlädt. Blättere auf Seite 8 und tauche voll in dein Ziel ein, so als wäre es bereits verwirklicht.

Was oder wer könnte dich in den kommenden 14 Tagen auf deinem Weg zu diesem Ziel wirksam stärken, inspirieren, unterstützen?

....

....

SPRINTZIEL 1	SPRINTZIEL 2	SPRINTZIEL 3
Das werde ich in diesem Sprint für mein Powerziel umsetzen:	*Das werde ich in diesem Sprint für meine Gesamtvision umsetzen:*	*Das werde ich in diesem Sprint für meine pure Freude umsetzen:*

SPRINTCHECK

- ▪ Ich kann meine Sprintziele in diesem Zeitraum realistisch umsetzen.
- ▪ Meine Sprintziele fordern mich ausreichend heraus.
- ▪ Meine Sprintziele unterstützen mein Powerziel, meine Gesamtvision und meine Freude.

NOTIZEN

MONTAG:

- Schlafqualität: ....
- Powerhandlung: ....
- Deep-Flow-Zeiten: ....
- Zeit für mich: ....
- Morgenritual ■ Abendritual

MEINE ABSICHT

....

....

....

....

....

DIENSTAG:

- Schlafqualität: ....
- Powerhandlung: ....
- Deep-Flow-Zeiten: ....
- Zeit für mich: ....
- Morgenritual ■ Abendritual

MITTWOCH:

- Schlafqualität: ....
- Powerhandlung: ....
- Deep-Flow-Zeiten: ....
- Zeit für mich: ....
- Morgenritual ■ Abendritual

DONNERSTAG:

- Schlafqualität: ....
- Powerhandlung: ....
- Deep-Flow-Zeiten: ....
- Zeit für mich: ....
- Morgenritual ■ Abendritual

DAS LEBEN KENNT
KEINEN STILLSTAND.
LEBEN WÄCHST ODER
SCHRUMPFT. WAS WILLST
DU HEUTE DAZULERNEN?

....

....

....

....

....

GEISTESBLITZE

....

....

....

SONNTAG:

- Schlafqualität: ....
- Powerhandlung: ....
- Deep-Flow-Zeiten: ....
- Zeit für mich: ....
- Morgenritual   - Abendritual

SAMSTAG:

- Schlafqualität: ....
- Powerhandlung: ....
- Deep-Flow-Zeiten: ....
- Zeit für mich: ....
- Morgenritual   - Abendritual

FREITAG:

- Schlafqualität: ....
- Powerhandlung: ....
- Deep-Flow-Zeiten: ....
- Zeit für mich: ....
- Morgenritual   - Abendritual

MONTAG:

- Schlafqualität:...............................
- Powerhandlung:............................
- Deep-Flow-Zeiten:.........................
- Zeit für mich:...............................
- Morgenritual   Abendritual

DIENSTAG:

- Schlafqualität:................................
- Powerhandlung:.............................
- Deep-Flow-Zeiten:..........................
- Zeit für mich:................................
- Morgenritual   Abendritual

MITTWOCH:

- Schlafqualität:................................
- Powerhandlung:.............................
- Deep-Flow-Zeiten:..........................
- Zeit für mich:................................
- Morgenritual   Abendritual

DONNERSTAG:

- Schlafqualität:................................
- Powerhandlung:.............................
- Deep-Flow-Zeiten:..........................
- Zeit für mich:................................
- Morgenritual   Abendritual

MEINE ABSICHT

....

....

....

....

....

BIST DU BEREIT, DEIN ALTES ICH ZU VERLIEREN, UM DICH ZU FINDEN?

....

....

....

....

....

GEISTESBLITZE

....

....

....

SONNTAG:

- ▪ Schlafqualität:.................................
- ▪ Powerhandlung:...............................
- ▪ Deep-Flow-Zeiten:...........................
- ▪ Zeit für mich:..................................
- ▪ Morgenritual   ▪ Abendritual

SAMSTAG:

- ▪ Schlafqualität:.................................
- ▪ Powerhandlung:...............................
- ▪ Deep-Flow-Zeiten:...........................
- ▪ Zeit für mich:..................................
- ▪ Morgenritual   ▪ Abendritual

FREITAG:

- ▪ Schlafqualität:.................................
- ▪ Powerhandlung:...............................
- ▪ Deep-Flow-Zeiten:...........................
- ▪ Zeit für mich:..................................
- ▪ Morgenritual   ▪ Abendritual

Lichte den Nebel
und finde deinen Weg

Unser aller Leben unterliegt dem Gesetz der Anerkennung, das besagt: »Wir verändern uns nicht, indem wir versuchen, anders zu sein, als wir sind. Wir verändern uns ganz natürlich, wenn wir anerkennen, wer wir sind.«

Die Anerkennung dessen, was ist, bringt unser Bewusstsein in die Gegenwart. Und nur aus der Gegenwart heraus kann sich Leben weiterentwickeln.

Ich habe – wie du wahrscheinlich auch – hin und wieder Phasen, in denen ich nicht weiterweiß. Früher hat es mir Angst gemacht, wenn ich nicht einfach um die nächste Ecke des Weges schauen konnte. Ich wollte erst wissen und dann losgehen. Heute weiß ich, was der Dichter Martin Walser mit dem Satz meinte: »Den Gehenden schiebt sich der Weg unter die Füße.« Unser Weg will von uns Schritt für Schritt erkundet und durchdrungen werden.

Was mir hilft, Klarheit in undurchsichtige Passagen zu bringen, ist, mir selbst in meinem Tagebuch oder einem Menschen meines Vertrauens gegenüber die Wahrheit zu kommunizieren. Und zwar alles, was ich gerade zu greifen bekomme:

- »Ich fühle ...«
- »Die folgenden Zweifel, Ängste, Sehnsüchte ... beschäftigen mich.«
- »Ich weiß Folgendes genau ...«
- »Ich weiß Folgendes gerade nicht ...«
- »Die wichtigste offene Frage lautet ...«
- »Wenn ich mir alles wünschen könnte ...«
- »Wenn ich meinem Instinkt vertrauen würde, wäre mein nächster Schritt ...«

Wahrheit lichtet den Nebel und zeigt dir den Weg. Probiere es aus. Es ist logisch. Denn dein Bewusstsein ist uralt und superintelligent. Es braucht lediglich deine Einladung, sich hier, in der Gegenwart, zu sammeln. Vielleicht gehst du nicht mit einem Zehnjahresplan aus so einer Wahrheitssession. Aber auf jeden Fall mit mehr Ruhe und Klarheit für den nächsten Schritt.

MEINE RÜCKSCHAU FÜR DIE LETZTEN 14 TAGE

Ich habe Sprintziel 1 erreicht: Ja   Nein

Ich habe Sprintziel 2 erreicht: Ja   Nein

Ich habe Sprintziel 3 erreicht: Ja   Nein

DAS LIEF IN DIESEM SPRINT SEHR GUT:

....

....

....

DAS WILL ICH IM NÄCHSTEN SPRINT VERBESSERN:

....

....

....

MEINE WERTVOLLSTEN ERKENNTNISSE:

....

....

....

ICH BIN DANKBAR FÜR:

....

....

....

DEIN SPRINT

FÜHLE DEIN POWERZIEL!

Lege deine Lieblingsmusik auf, die dir Kraft spendet und zum Träumen einlädt. Blättere auf Seite 8 und tauche voll in dein Ziel ein, so als wäre es bereits verwirklicht.

Was oder wer könnte dich in den kommenden 14 Tagen auf deinem Weg zu diesem Ziel wirksam stärken, inspirieren, unterstützen?

....

....

SPRINTZIEL 1

Das werde ich in diesem Sprint für mein Powerziel umsetzen:

....

....

....

SPRINTZIEL 2

Das werde ich in diesem Sprint für meine Gesamtvision umsetzen:

....

....

....

SPRINTZIEL 3

Das werde ich in diesem Sprint für meine pure Freude umsetzen:

....

....

....

SPRINTCHECK

- ■ Ich kann meine Sprintziele in diesem Zeitraum realistisch umsetzen.
- ■ Meine Sprintziele fordern mich ausreichend heraus.
- ■ Meine Sprintziele unterstützen mein Powerziel, meine Gesamtvision und meine Freude.

NOTIZEN

MONTAG:

- Schlafqualität: ....
- Powerhandlung: ....
- Deep-Flow-Zeiten: ....
- Zeit für mich: ....
- Morgenritual   Abendritual

DIENSTAG:

- Schlafqualität: ....
- Powerhandlung: ....
- Deep-Flow-Zeiten: ....
- Zeit für mich: ....
- Morgenritual   Abendritual

MITTWOCH:

- Schlafqualität: ....
- Powerhandlung: ....
- Deep-Flow-Zeiten: ....
- Zeit für mich: ....
- Morgenritual   Abendritual

DONNERSTAG:

- Schlafqualität: ....
- Powerhandlung: ....
- Deep-Flow-Zeiten: ....
- Zeit für mich: ....
- Morgenritual   Abendritual

MEINE ABSICHT

....

....

....

....

....

HAST DU DICH JE
GEFRAGT: WOZU DAS
ALLES? GUT SO. FRAGE
WEITER. BIS DICH DEINE
ANTWORT FINDET.

....

....

....

....

....

....

GEISTESBLITZE

....

....

....

SONNTAG:

- Schlafqualität:.................................
- Powerhandlung:.................................
- Deep-Flow-Zeiten:.................................
- Zeit für mich:.................................
- Morgenritual   ■ Abendritual

SAMSTAG:

- Schlafqualität:.................................
- Powerhandlung:.................................
- Deep-Flow-Zeiten:.................................
- Zeit für mich:.................................
- Morgenritual   ■ Abendritual

FREITAG:

- Schlafqualität:.................................
- Powerhandlung:.................................
- Deep-Flow-Zeiten:.................................
- Zeit für mich:.................................
- Morgenritual   ■ Abendritual

MONTAG:

■ Schlafqualität: ....

■ Powerhandlung: ....

■ Deep-Flow-Zeiten: ....

■ Zeit für mich: ....

■ Morgenritual   ■ Abendritual

MEINE ABSICHT

....

....

....

....

....

DIENSTAG:

■ Schlafqualität: ....

■ Powerhandlung: ....

■ Deep-Flow-Zeiten: ....

■ Zeit für mich: ....

■ Morgenritual   ■ Abendritual

MITTWOCH:

■ Schlafqualität: ....

■ Powerhandlung: ....

■ Deep-Flow-Zeiten: ....

■ Zeit für mich: ....

■ Morgenritual   ■ Abendritual

DONNERSTAG:

■ Schlafqualität: ....

■ Powerhandlung: ....

■ Deep-Flow-Zeiten: ....

■ Zeit für mich: ....

■ Morgenritual   ■ Abendritual

MAL ANGENOMMEN, ES GÄBE GOTT. WIE WÜRDEST DU DICH IHM ODER IHR VORSTELLEN?

....

....

....

....

....

GEISTESBLITZE

....

....

....

SONNTAG:

- Schlafqualität:................................
- Powerhandlung:.............................
- Deep-Flow-Zeiten:..........................
- Zeit für mich:................................
- Morgenritual   Abendritual

SAMSTAG:

- Schlafqualität:................................
- Powerhandlung:.............................
- Deep-Flow-Zeiten:..........................
- Zeit für mich:................................
- Morgenritual   Abendritual

FREITAG:

- Schlafqualität:................................
- Powerhandlung:.............................
- Deep-Flow-Zeiten:..........................
- Zeit für mich:................................
- Morgenritual   Abendritual

Höre auf, dich selbst zu bescheißen

Ich habe in den letzten dreißig Jahren mit Tausenden von Menschen nah und ehrlich arbeiten dürfen. Die für mich erstaunlichste Erkenntnis daraus ist: Sie alle wussten (eigentlich) immer, was für sie wichtig und richtig ist.

Impuls

Was uns manchmal fehlt, ist der Mut, die von anderen vorgekauten Ideen abzulegen und den wesentlichen Fragen bis auf unseren ureigenen Boden der Klarheit zu folgen. Die Wahrheit deines Lebens findest du in dir, wenn du aufhörst, so zu tun, als wüsstest du nicht, was gut und richtig für dich ist. Du bist ein ultraintelligentes Lebewesen. Dein Körper ist ein brillant aufeinander abgestimmtes Wunderwerk von etwa 75 Billionen Zellen. Dein Instinkt für stärkend und schädigend wurde durch Millionen Jahre Evolution geschult. Lass dich nicht durch all die lauten Stimmen im Außen verwirren. Ziehe dich zurück. Formuliere die für dich aktuell wichtigste Frage. Schließe die Augen. Atme durch. Konzentriere dich auf dein Herz. Versuche nicht, zehn Jahre in die Zukunft zu schauen. Fokussiere dich auf den nächsten Schritt. Den weißt du immer.

Wenn du dich ernst nehmen und dir vertrauen würdest, was fühlt sich richtig und was falsch an? Und was wäre der nächste Schritt?

....

....

....

Du musst es deswegen ja noch nicht tun. Doch dann hört endlich das peinliche Versteckspiel auf. Die Natur kennt keine Unklarheit. Unklarheit ist ein tragikomisches Spiel, das von ängstlichen Egos erdacht wurde. Es ist ein Zaubertrick, um uns in eine Nebelwolke zu hüllen und so zu verhindern, dass wir auf den Punkt und in die Kraft kommen.

Nimm dich ernst. Du weißt immer, was als Nächstes zu tun ist. Und du weißt, wie es zu tun ist. Fang heute damit an.

MEINE RÜCKSCHAU FÜR DIE LETZTEN 14 TAGE

Ich habe Sprintziel 1 erreicht: Ja ☐   Nein ☐

Ich habe Sprintziel 2 erreicht: Ja ☐   Nein ☐

Ich habe Sprintziel 3 erreicht: Ja ☐   Nein ☐

DAS LIEF IN DIESEM SPRINT SEHR GUT:

....

....

....

....

DAS WILL ICH IM NÄCHSTEN SPRINT VERBESSERN:

....

....

....

....

MEINE WERTVOLLSTEN ERKENNTNISSE:

....

....

....

....

ICH BIN DANKBAR FÜR:

....

....

....

....

DEIN SPRINT

Lege deine Lieblingsmusik auf, die dir Kraft spendet und zum Träumen einlädt. Blättere auf Seite 8 und tauche voll in dein Ziel ein, so als wäre es bereits verwirklicht.

Was oder wer könnte dich in den kommenden 14 Tagen auf deinem Weg zu diesem Ziel wirksam stärken, inspirieren, unterstützen?

....

....

SPRINTZIEL 1

Das werde ich in diesem Sprint für mein Powerziel umsetzen:

....

....

....

SPRINTZIEL 2

Das werde ich in diesem Sprint für meine Gesamtvision umsetzen:

....

....

....

SPRINTZIEL 3

Das werde ich in diesem Sprint für meine pure Freude umsetzen:

....

....

....

SPRINTCHECK

- ■ Ich kann meine Sprintziele in diesem Zeitraum realistisch umsetzen.
- ■ Meine Sprintziele fordern mich ausreichend heraus.
- ■ Meine Sprintziele unterstützen mein Powerziel, meine Gesamtvision und meine Freude.

NOTIZEN

MONTAG:

- Schlafqualität: ....
- Powerhandlung: ....
- Deep-Flow-Zeiten: ....
- Zeit für mich: ....
- ▨ Morgenritual　▨ Abendritual

DIENSTAG:

- Schlafqualität: ....
- Powerhandlung: ....
- Deep-Flow-Zeiten: ....
- Zeit für mich: ....
- ▨ Morgenritual　▨ Abendritual

MITTWOCH:

- Schlafqualität: ....
- Powerhandlung: ....
- Deep-Flow-Zeiten: ....
- Zeit für mich: ....
- ▨ Morgenritual　▨ Abendritual

DONNERSTAG:

- Schlafqualität: ....
- Powerhandlung: ....
- Deep-Flow-Zeiten: ....
- Zeit für mich: ....
- ▨ Morgenritual　▨ Abendritual

MEINE ABSICHT

....

....

....

....

....

BEREITET DIR DIESER SCHRITT WIRKLICH FREUDE? LÄCHELT DEIN HERZ?

....

....

....

....

....

....

GEISTESBLITZE

....

....

....

SONNTAG:

- Schlafqualität:.................................
- Powerhandlung:.................................
- Deep-Flow-Zeiten:.................................
- Zeit für mich:.................................
- Morgenritual   ■ Abendritual

SAMSTAG:

- Schlafqualität:.................................
- Powerhandlung:.................................
- Deep-Flow-Zeiten:.................................
- Zeit für mich:.................................
- Morgenritual   ■ Abendritual

FREITAG:

- Schlafqualität:.................................
- Powerhandlung:.................................
- Deep-Flow-Zeiten:.................................
- Zeit für mich:.................................
- Morgenritual   ■ Abendritual

MONTAG:

- Schlafqualität: ....
- Powerhandlung: ....
- Deep-Flow-Zeiten: ....
- Zeit für mich: ....
- Morgenritual   Abendritual

DIENSTAG:

- Schlafqualität: ....
- Powerhandlung: ....
- Deep-Flow-Zeiten: ....
- Zeit für mich: ....
- Morgenritual   Abendritual

MITTWOCH:

- Schlafqualität: ....
- Powerhandlung: ....
- Deep-Flow-Zeiten: ....
- Zeit für mich: ....
- Morgenritual   Abendritual

DONNERSTAG:

- Schlafqualität: ....
- Powerhandlung: ....
- Deep-Flow-Zeiten: ....
- Zeit für mich: ....
- Morgenritual   Abendritual

MEINE ABSICHT

....

....

....

....

....

WENN DU DIR DREI LEBENDE MENSCHEN DIESER WELT ALS LEHRER*INNEN AUSSUCHEN KÖNNTEST, WEN WÜRDEST DU WÄHLEN? UND WARUM?

....

....

....

....

....

GEISTESBLITZE

....

....

....

SONNTAG:

- Schlafqualität:.............................
- Powerhandlung:............................
- Deep-Flow-Zeiten:.........................
- Zeit für mich:..............................
- Morgenritual   ■ Abendritual

SAMSTAG:

- Schlafqualität:.............................
- Powerhandlung:............................
- Deep-Flow-Zeiten:.........................
- Zeit für mich:..............................
- Morgenritual   ■ Abendritual

FREITAG:

- Schlafqualität:.............................
- Powerhandlung:............................
- Deep-Flow-Zeiten:.........................
- Zeit für mich:..............................
- Morgenritual   ■ Abendritual

Bitte sei egoistisch

Du willst die Welt retten? Finde ich gut. Doch tu der Welt bitte einen Gefallen und rette erst einmal dich. Menschen, die versuchen, dir Egoismus auszureden, wollen meist mehr Einfluss auf dein Leben – und das ist witzigerweise ziemlich egoistisch.

Wir reden hier nicht von toxischem Narzissmus. Der ist ein Fass ohne Boden. Gesunder und bewusster Egoismus bedeutet, dich und deine Bedürfnisse gut zu kennen und effektiv für ihre Erfüllung zu sorgen. Das dient auch deiner Umgebung und letztendlich der ganzen Welt.

Es ist ein Mythos, dass deine Selbstaufopferung den anderen dient. Du kannst deine Bedürfnisse temporär unter die eines anderen Wesens stellen und manchmal musst du dies auch, doch langfristig führt dies zu Raubbau an deinem Körper, deinem Geist und deiner Seele. Außerdem entsteht ein unbewusstes Schuldgefälle. Menschen, die sich für andere aufopfern, erwarten unausgesprochen etwas zurück.

Dich auf eine bewusste Weise um deine Bedürfnisse zu kümmern, stärkt dich nicht nur. Es führt zwangsläufig zu der Erkenntnis, dass deren Erfüllung untrennbar mit deinem Glück verbunden ist. Außerdem realisierst du, dass bewusstes Teilen deinen Reichtum auf vielen Ebenen nicht schmälert, sondern mehrt.

Und so beginnst du, dich ganz natürlich auch für das Erblühen anderer einzusetzen, doch nicht mehr aus einem inneren Vakuum oder einem antrainierten Reflex heraus, sondern aus der Fülle und der Weisheit.

Ich bin, weil du bist. Du bist, weil ich bin.

Dein größtes Geschenk an uns alle bist du in deiner freiesten und glücklichsten Version.

MEINE RÜCKSCHAU FÜR DIE LETZTEN 14 TAGE

Ich habe Sprintziel 1 erreicht: Ja ☐   Nein ☐

Ich habe Sprintziel 2 erreicht: Ja ☐   Nein ☐

Ich habe Sprintziel 3 erreicht: Ja ☐   Nein ☐

DAS LIEF IN DIESEM SPRINT SEHR GUT:

....

....

....

....

DAS WILL ICH IM NÄCHSTEN SPRINT VERBESSERN:

....

....

....

....

MEINE WERTVOLLSTEN ERKENNTNISSE:

....

....

....

....

ICH BIN DANKBAR FÜR:

....

....

....

....

DEIN SPRINT

FÜHLE DEIN POWERZIEL!

Lege deine Lieblingsmusik auf, die dir Kraft spendet und zum Träumen einlädt. Blättere auf Seite 8 und tauche voll in dein Ziel ein, so als wäre es bereits verwirklicht.

Was oder wer könnte dich in den kommenden 14 Tagen auf deinem Weg zu diesem Ziel wirksam stärken, inspirieren, unterstützen?

....

....

SPRINTZIEL 1

Das werde ich in diesem Sprint für mein Powerziel umsetzen:

....

....

....

SPRINTZIEL 2

Das werde ich in diesem Sprint für meine Gesamt-vision umsetzen:

....

....

....

SPRINTZIEL 3

Das werde ich in diesem Sprint für meine pure Freude umsetzen:

....

....

....

SPRINTCHECK

- ▪ Ich kann meine Sprintziele in diesem Zeitraum realistisch umsetzen.
- ▪ Meine Sprintziele fordern mich ausreichend heraus.
- ▪ Meine Sprintziele unterstützen mein Powerziel, meine Gesamtvision und meine Freude.

NOTIZEN

MONTAG:

▨ Schlafqualität: ....

▨ Powerhandlung: ....

▨ Deep-Flow-Zeiten: ....

▨ Zeit für mich: ....

▨ Morgenritual   ▨ Abendritual

MEINE ABSICHT

....

....

....

....

....

DIENSTAG:

▨ Schlafqualität: ....

▨ Powerhandlung: ....

▨ Deep-Flow-Zeiten: ....

▨ Zeit für mich: ....

▨ Morgenritual   ▨ Abendritual

MITTWOCH:

▨ Schlafqualität: ....

▨ Powerhandlung: ....

▨ Deep-Flow-Zeiten: ....

▨ Zeit für mich: ....

▨ Morgenritual   ▨ Abendritual

DONNERSTAG:

▨ Schlafqualität: ....

▨ Powerhandlung: ....

▨ Deep-Flow-Zeiten: ....

▨ Zeit für mich: ....

▨ Morgenritual   ▨ Abendritual

WO AUCH IMMER DU GERADE IN DEINEM LEBEN ANGEKOMMEN BIST, DA GEHT NOCH VIEL, VIEL MEHR. WILLST DU HERAUSFINDEN, WAS?

....

....

....

....

....

GEISTESBLITZE

....

....

....

SONNTAG:

- Schlafqualität:..............................
- Powerhandlung:.............................
- Deep-Flow-Zeiten:.........................
- Zeit für mich:...............................
- Morgenritual   Abendritual

SAMSTAG:

- Schlafqualität:..............................
- Powerhandlung:.............................
- Deep-Flow-Zeiten:.........................
- Zeit für mich:...............................
- Morgenritual   Abendritual

FREITAG:

- Schlafqualität:..............................
- Powerhandlung:.............................
- Deep-Flow-Zeiten:.........................
- Zeit für mich:...............................
- Morgenritual   Abendritual

MONTAG:

- Schlafqualität:.................................
- Powerhandlung:.................................
- Deep-Flow-Zeiten:.................................
- Zeit für mich:.................................
- ■ Morgenritual ■ Abendritual

DIENSTAG:

- Schlafqualität:.................................
- Powerhandlung:.................................
- Deep-Flow-Zeiten:.................................
- Zeit für mich:.................................
- ■ Morgenritual ■ Abendritual

MITTWOCH:

- Schlafqualität:.................................
- Powerhandlung:.................................
- Deep-Flow-Zeiten:.................................
- Zeit für mich:.................................
- ■ Morgenritual ■ Abendritual

DONNERSTAG:

- Schlafqualität:.................................
- Powerhandlung:.................................
- Deep-Flow-Zeiten:.................................
- Zeit für mich:.................................
- ■ Morgenritual ■ Abendritual

MEINE ABSICHT

....
....
....
....
....

WARUM NICHT OFFEN ZU DEINEN WÜNSCHEN STEHEN UND DANN SCHAUEN, WAS PASSIERT?

....

....

....

....

....

....

GEISTESBLITZE

....

....

....

SONNTAG:

- Schlafqualität:................................
- Powerhandlung:............................
- Deep-Flow-Zeiten:..........................
- Zeit für mich:................................
- Morgenritual ■ Abendritual

SAMSTAG:

- Schlafqualität:................................
- Powerhandlung:............................
- Deep-Flow-Zeiten:..........................
- Zeit für mich:................................
- Morgenritual ■ Abendritual

FREITAG:

- Schlafqualität:................................
- Powerhandlung:............................
- Deep-Flow-Zeiten:..........................
- Zeit für mich:................................
- Morgenritual ■ Abendritual

80 | 20

Kennst du das Pareto-Prinzip? Mir hilft es in vielen Bereichen meines Lebens, Energie und Zeit zu sparen. Vilfredo Pareto, der berühmte italienische Ökonom, hat es einst auf den Punkt gebracht: 80 Prozent der Ergebnisse ergeben sich aus lediglich 20 Prozent der Tätigkeiten. Natürlich ist dies eine eher unscharfe Regel, doch meiner Erfahrung nach trifft sie erstaunlich oft zu. Du kannst sie nutzen, um zu identifizieren, welche 20 Prozent deiner Bemühungen für 80 Prozent deiner Ergebnisse verantwortlich sind. Anschließend kannst du deine Energie und Zeit auf diese 20 Prozent konzentrieren und damit deine Effektivität enorm steigern. Hier einige Beispiele für die praktische Anwendung:

Deine Gewohnheiten: Ungefähr ein Fünftel all deiner guten Gewohnheiten sind für den Großteil deines Glücks und deiner Gesundheit verantwortlich. Welche sind das?
Deine Beziehungen: Etwa ein Fünftel all deiner Beziehungen haben den größten Einfluss auf dein Leben. Welche sind das? Kümmerst du dich gut um sie?
Deine Arbeit: Circa ein Fünftel deiner Produkte und Projekte sind für 80 Prozent deines Gewinns verantwortlich. Kennst du sie und investierst du vor allem in sie Zeit und Energie?
Deine Kund*innen: Ungefähr ein Fünftel deiner Kund*innen sind für 80 Prozent deines Umsatzes verantwortlich. Ehre sie!

Viele Menschen konzentrieren sich intuitiv auf das, was nicht funktioniert. Sie investieren den Hauptteil ihrer Energie und Zeit in die schwierigen Gewohnheiten, die anstrengenden Beziehungen, die Problemkund*innen und die umsatzschwachen Produkte.

Mache es genau andersherum. Finde deine Topgewohnheiten, deine Lieblingsmenschen, deine besten Kund*innen und deine stärksten Produkte heraus. Feiere sie. Verwöhne sie. Konzentriere dich hauptsächlich auf sie. Die Wirkung ist enorm.

MEINE RÜCKSCHAU FÜR DIE LETZTEN 14 TAGE

Ich habe Sprintziel 1 erreicht: Ja   Nein

Ich habe Sprintziel 2 erreicht: Ja   Nein

Ich habe Sprintziel 3 erreicht: Ja   Nein

DAS LIEF IN DIESEM SPRINT SEHR GUT:

....

....

....

....

DAS WILL ICH IM NÄCHSTEN SPRINT VERBESSERN:

....

....

....

....

MEINE WERTVOLLSTEN ERKENNTNISSE:

....

....

....

....

ICH BIN DANKBAR FÜR:

....

....

....

....

DEIN SPRINT

FÜHLE DEIN POWERZIEL!

Lege deine Lieblingsmusik auf, die dir Kraft spendet und zum Träumen einlädt. Blättere auf Seite 8 und tauche voll in dein Ziel ein, so als wäre es bereits verwirklicht.

Was oder wer könnte dich in den kommenden 14 Tagen auf deinem Weg zu diesem Ziel wirksam stärken, inspirieren, unterstützen?

....

....

SPRINTZIEL 1

Das werde ich in diesem Sprint für mein Powerziel umsetzen:

....

....

....

SPRINTZIEL 2

Das werde ich in diesem Sprint für meine Gesamtvision umsetzen:

....

....

....

SPRINTZIEL 3

Das werde ich in diesem Sprint für meine pure Freude umsetzen:

....

....

....

SPRINTCHECK

- Ich kann meine Sprintziele in diesem Zeitraum realistisch umsetzen.
- Meine Sprintziele fordern mich ausreichend heraus.
- Meine Sprintziele unterstützen mein Powerziel, meine Gesamtvision und meine Freude.

NOTIZEN

MONTAG:

- Schlafqualität:....................................
- Powerhandlung:.............................
- Deep-Flow-Zeiten:..........................
- Zeit für mich:.................................
- Morgenritual ■ Abendritual

MEINE ABSICHT

....

....

....

....

....

DIENSTAG:

- Schlafqualität:....................................
- Powerhandlung:.............................
- Deep-Flow-Zeiten:..........................
- Zeit für mich:.................................
- Morgenritual ■ Abendritual

MITTWOCH:

- Schlafqualität:....................................
- Powerhandlung:.............................
- Deep-Flow-Zeiten:..........................
- Zeit für mich:.................................
- Morgenritual ■ Abendritual

DONNERSTAG:

- Schlafqualität:....................................
- Powerhandlung:.............................
- Deep-Flow-Zeiten:..........................
- Zeit für mich:.................................
- Morgenritual ■ Abendritual

WEISST DU, DASS DU DIE PERSON BIST, AUF DIE DU GEWARTET HAST?

....

....

....

....

....

....

GEISTESBLITZE

....

....

....

SONNTAG:

- Schlafqualität:................................
- Powerhandlung:...............................
- Deep-Flow-Zeiten:..........................
- Zeit für mich:.................................
- Morgenritual   ▪ Abendritual

SAMSTAG:

- Schlafqualität:................................
- Powerhandlung:...............................
- Deep-Flow-Zeiten:..........................
- Zeit für mich:.................................
- Morgenritual   ▪ Abendritual

FREITAG:

- Schlafqualität:................................
- Powerhandlung:...............................
- Deep-Flow-Zeiten:..........................
- Zeit für mich:.................................
- Morgenritual   ▪ Abendritual

MONTAG:

- Schlafqualität: ....
- Powerhandlung: ....
- Deep-Flow-Zeiten: ....
- Zeit für mich: ....
- Morgenritual   ■ Abendritual

MEINE ABSICHT

....

....

....

....

....

DIENSTAG:

- Schlafqualität: ....
- Powerhandlung: ....
- Deep-Flow-Zeiten: ....
- Zeit für mich: ....
- Morgenritual   ■ Abendritual

MITTWOCH:

- Schlafqualität: ....
- Powerhandlung: ....
- Deep-Flow-Zeiten: ....
- Zeit für mich: ....
- Morgenritual   ■ Abendritual

DONNERSTAG:

- Schlafqualität: ....
- Powerhandlung: ....
- Deep-Flow-Zeiten: ....
- Zeit für mich: ....
- Morgenritual   ■ Abendritual

WER HAT JE GESAGT, DASS DU PERFEKT SEIN MÜSSTEST, UM EIN GUTES LEBEN ZU FÜHREN?

....

....

....

....

....

....

GEISTESBLITZE

....

....

....

SONNTAG:

- Schlafqualität: ....
- Powerhandlung: ....
- Deep-Flow-Zeiten: ....
- Zeit für mich: ....
- Morgenritual   Abendritual

SAMSTAG:

- Schlafqualität: ....
- Powerhandlung: ....
- Deep-Flow-Zeiten: ....
- Zeit für mich: ....
- Morgenritual   Abendritual

FREITAG:

- Schlafqualität: ....
- Powerhandlung: ....
- Deep-Flow-Zeiten: ....
- Zeit für mich: ....
- Morgenritual   Abendritual

Die Revolution des Nichtstuns

In einer dem Leistungswahn verfallenen Gesellschaft sind Phasen des bewussten Nichtstuns ein revolutionärer Akt und eine Demonstration echter Selbstliebe. Diese Phasen sind auch physiologisch sehr bedeutsam. Unser Nervensystem nutzt sie, um »runterzukühlen« und sich auszubalancieren. Unser Gehirn erholt sich von der Reizüberflutung und schließt Lernprozesse ab. Regelmäßige Phasen des Nichtstuns sind deshalb auch eine wesentliche Voraussetzung für Flow-Erfahrungen.

Was macht die Stille mit dir?
Wie berührt es dich, wenn mal nichts ist?
Ist die Stille deine Freundin oder erinnert sie dich
an etwas, was du nicht fühlen willst?

Wenn du dich auf die Stille einlässt, heilt sie deinen überhitzten Geist. Sie erlöst dich von der Idee, dass etwas fehlt. Sie lehrt dich, dass in dem, was wir »nichts« nennen, alles ist.

Stille bringt dich in Kontakt mit jenem Ort in dir, der nie verletzt wurde. In der Stille wartet die Antwort auf jede deiner Fragen. Die Stille ist keine Gegenspielerin zum Lärm unserer Zeit, denn jeder Klang wird aus ihr heraus geboren und löst sich wieder in ihr auf. Die Stille ist die Mutter, die ihr Kind nach einer langen Odyssee sanft in ihre Arme nimmt und heilt.

Du brauchst die Stille nicht zu fürchten. Sie ist dein ursprüngliches Zuhause. Lass dich mal wieder auf sie ein.

Wann hast du das letzte Mal einfach nichts getan?

....

....

....

MEINE RÜCKSCHAU FÜR DIE LETZTEN 14 TAGE

Ich habe Sprintziel 1 erreicht:　　　　Ja　　　　　　Nein

Ich habe Sprintziel 2 erreicht:　　　　Ja　　　　　　Nein

Ich habe Sprintziel 3 erreicht:　　　　Ja　　　　　　Nein

DAS LIEF IN DIESEM SPRINT SEHR GUT:

....

....

....

....

DAS WILL ICH IM NÄCHSTEN SPRINT VERBESSERN:

....

....

....

....

MEINE WERTVOLLSTEN ERKENNTNISSE:

....

....

....

....

ICH BIN DANKBAR FÜR:

....

....

....

....

DEIN SPRINT

Lege deine Lieblingsmusik auf, die dir Kraft spendet und zum Träumen einlädt. Blättere auf Seite 8 und tauche voll in dein Ziel ein, so als wäre es bereits verwirklicht.

Was oder wer könnte dich in den kommenden 14 Tagen auf deinem Weg zu diesem Ziel wirksam stärken, inspirieren, unterstützen?

....

....

SPRINTZIEL 1

Das werde ich in diesem Sprint für mein Powerziel umsetzen:

....

....

....

SPRINTZIEL 2

Das werde ich in diesem Sprint für meine Gesamtvision umsetzen:

....

....

....

SPRINTZIEL 3

Das werde ich in diesem Sprint für meine pure Freude umsetzen:

....

....

....

SPRINTCHECK

- Ich kann meine Sprintziele in diesem Zeitraum realistisch umsetzen.
- Meine Sprintziele fordern mich ausreichend heraus.
- Meine Sprintziele unterstützen mein Powerziel, meine Gesamtvision und meine Freude.

NOTIZEN

MONTAG:

- Schlafqualität: ....
- Powerhandlung: ....
- Deep-Flow-Zeiten: ....
- Zeit für mich: ....
- Morgenritual ■ Abendritual

MEINE ABSICHT

....
....
....
....
....
....

DIENSTAG:

- Schlafqualität: ....
- Powerhandlung: ....
- Deep-Flow-Zeiten: ....
- Zeit für mich: ....
- Morgenritual ■ Abendritual

MITTWOCH:

- Schlafqualität: ....
- Powerhandlung: ....
- Deep-Flow-Zeiten: ....
- Zeit für mich: ....
- Morgenritual ■ Abendritual

DONNERSTAG:

- Schlafqualität: ....
- Powerhandlung: ....
- Deep-Flow-Zeiten: ....
- Zeit für mich: ....
- Morgenritual ■ Abendritual

WIE LANGE IST ES HER, DASS DU EINEN VÖLLIG NEUEN FEHLER GEMACHT HAST?

....

....

....

....

....

GEISTESBLITZE

....

....

....

SONNTAG:

- Schlafqualität:...............................
- Powerhandlung:..............................
- Deep-Flow-Zeiten:..........................
- Zeit für mich:................................
- Morgenritual ■ Abendritual

SAMSTAG:

- Schlafqualität:...............................
- Powerhandlung:..............................
- Deep-Flow-Zeiten:..........................
- Zeit für mich:................................
- Morgenritual ■ Abendritual

FREITAG:

- Schlafqualität:...............................
- Powerhandlung:..............................
- Deep-Flow-Zeiten:..........................
- Zeit für mich:................................
- Morgenritual ■ Abendritual

MONTAG:

- ▪ Schlafqualität: ....
- ▪ Powerhandlung: ....
- ▪ Deep-Flow-Zeiten: ....
- ▪ Zeit für mich: ....
- ▪ Morgenritual   ▪ Abendritual

DIENSTAG:

- ▪ Schlafqualität: ....
- ▪ Powerhandlung: ....
- ▪ Deep-Flow-Zeiten: ....
- ▪ Zeit für mich: ....
- ▪ Morgenritual   ▪ Abendritual

MITTWOCH:

- ▪ Schlafqualität: ....
- ▪ Powerhandlung: ....
- ▪ Deep-Flow-Zeiten: ....
- ▪ Zeit für mich: ....
- ▪ Morgenritual   ▪ Abendritual

DONNERSTAG:

- ▪ Schlafqualität: ....
- ▪ Powerhandlung: ....
- ▪ Deep-Flow-Zeiten: ....
- ▪ Zeit für mich: ....
- ▪ Morgenritual   ▪ Abendritual

MEINE ABSICHT

....

....

....

....

....

DIESER TAG, DIESER AUGENBLICK WIRD SO NIE WIEDERKEHREN. WIE WILLST DU IHN ERLEBEN?

....

....

....

....

....

GEISTESBLITZE

....

....

....

SONNTAG:

▨ Schlafqualität:................................

▨ Powerhandlung:.............................

▨ Deep-Flow-Zeiten:.........................

▨ Zeit für mich:................................

▨ Morgenritual   ▨ Abendritual

SAMSTAG:

▨ Schlafqualität:................................

▨ Powerhandlung:.............................

▨ Deep-Flow-Zeiten:.........................

▨ Zeit für mich:................................

▨ Morgenritual   ▨ Abendritual

FREITAG:

▨ Schlafqualität:................................

▨ Powerhandlung:.............................

▨ Deep-Flow-Zeiten:.........................

▨ Zeit für mich:................................

▨ Morgenritual   ▨ Abendritual

Achtsamkeit ist kein Modetrend

Impuls

Manche Menschen verdrehen die Augen, wenn sie das Wort Achtsamkeit hören. Wie mit allen Trends, besteht auch hier die Gefahr, dass eine essenzielle Tugend durch zu platte Mainstream-Interpretationen verwässert wird. Achtsamkeit ist deine Fähigkeit, mit all deinen Sinnen wirklich hier zu sein. In einer Zeit, in der digitale und soziale Medien unsere Aufmerksamkeit regelrecht aufsaugen und zersplittern, wird die tägliche Kultur der Achtsamkeit überlebensnotwendig. Bist du zum Beispiel jetzt gerade wirklich hier oder liest du diese Zeilen eher auf Autopilot, während dein Verstand noch mit anderen Dingen beschäftigt ist?

Hinter Achtsamkeit verbirgt sich eine mittlerweile existenzielle Frage:

*Bist du bereit, wirklich hier zu sein und
dein Leben voll einzunehmen?*

Es ist kein Zufall, dass wir so viele Technologien entwickeln, die uns einerseits dienen können, die andererseits aber auch die Gefahr bergen, unsere Bewusstseinsströme zu absorbieren. Wir wissen oft gar nicht mehr, wie sich Gegenwärtigkeit anfühlt. Das ist tragisch. Denn nur hier und jetzt findet unser Leben wirklich statt. Nur hier finden wir Erfüllung. Nur hier können wir erkennen, wer wir wirklich sind. Wenn du dich ablenken lässt, fehlst du. Du fehlst deinen Liebsten, deinen Kindern, deinen Kolleg*innen, mir – und vor allem dir.

Bist du bereit, dich auf die Gegenwart einzulassen?

Welche Wege kennst du, um täglich Achtsamkeit zu trainieren?

....

....

....

MEINE RÜCKSCHAU FÜR DIE LETZTEN 14 TAGE

Ich habe Sprintziel 1 erreicht: Ja   Nein

Ich habe Sprintziel 2 erreicht: Ja   Nein

Ich habe Sprintziel 3 erreicht: Ja   Nein

DAS LIEF IN DIESEM SPRINT SEHR GUT:

....

....

....

DAS WILL ICH IM NÄCHSTEN SPRINT VERBESSERN:

....

....

....

MEINE WERTVOLLSTEN ERKENNTNISSE:

....

....

....

ICH BIN DANKBAR FÜR:

....

....

....

DEIN SPRINT

FÜHLE DEIN POWERZIEL!

Lege deine Lieblingsmusik auf, die dir Kraft spendet und zum Träumen einlädt. Blättere auf Seite 8 und tauche voll in dein Ziel ein, so als wäre es bereits verwirklicht.

Was oder wer könnte dich in den kommenden 14 Tagen auf deinem Weg zu diesem Ziel wirksam stärken, inspirieren, unterstützen?

....

....

SPRINTZIEL 1

Das werde ich in diesem Sprint für mein Powerziel umsetzen:

....

....

....

SPRINTZIEL 2

Das werde ich in diesem Sprint für meine Gesamtvision umsetzen:

....

....

....

SPRINTZIEL 3

Das werde ich in diesem Sprint für meine pure Freude umsetzen:

....

....

....

SPRINTCHECK

- ■ Ich kann meine Sprintziele in diesem Zeitraum realistisch umsetzen.
- ■ Meine Sprintziele fordern mich ausreichend heraus.
- ■ Meine Sprintziele unterstützen mein Powerziel, meine Gesamtvision und meine Freude.

NOTIZEN

MONTAG:

- Schlafqualität: ....
- Powerhandlung: ....
- Deep-Flow-Zeiten: ....
- Zeit für mich: ....
- Morgenritual   ▨ Abendritual

MEINE ABSICHT

....

....

....

....

....

DIENSTAG:

- Schlafqualität: ....
- Powerhandlung: ....
- Deep-Flow-Zeiten: ....
- Zeit für mich: ....
- Morgenritual   ▨ Abendritual

MITTWOCH:

- Schlafqualität: ....
- Powerhandlung: ....
- Deep-Flow-Zeiten: ....
- Zeit für mich: ....
- Morgenritual   ▨ Abendritual

DONNERSTAG:

- Schlafqualität: ....
- Powerhandlung: ....
- Deep-Flow-Zeiten: ....
- Zeit für mich: ....
- Morgenritual   ▨ Abendritual

WAS, WENN DU EIN GLÜCKSKIND BIST? WAS, WENN DICH DAS GANZE UNIVERSUM LIEBT?

....

....

....

....

....

GEISTESBLITZE

....

....

....

SONNTAG:

- Schlafqualität:...............................
- Powerhandlung:...............................
- Deep-Flow-Zeiten:...............................
- Zeit für mich:...............................
- Morgenritual   ■ Abendritual

SAMSTAG:

- Schlafqualität:...............................
- Powerhandlung:...............................
- Deep-Flow-Zeiten:...............................
- Zeit für mich:...............................
- Morgenritual   ■ Abendritual

FREITAG:

- Schlafqualität:...............................
- Powerhandlung:...............................
- Deep-Flow-Zeiten:...............................
- Zeit für mich:...............................
- Morgenritual   ■ Abendritual

MONTAG:

- Schlafqualität: ....
- Powerhandlung: ....
- Deep-Flow-Zeiten: ....
- Zeit für mich: ....
- Morgenritual   ▪ Abendritual

DIENSTAG:

- Schlafqualität: ....
- Powerhandlung: ....
- Deep-Flow-Zeiten: ....
- Zeit für mich: ....
- Morgenritual   ▪ Abendritual

MITTWOCH:

- Schlafqualität: ....
- Powerhandlung: ....
- Deep-Flow-Zeiten: ....
- Zeit für mich: ....
- Morgenritual   ▪ Abendritual

DONNERSTAG:

- Schlafqualität: ....
- Powerhandlung: ....
- Deep-Flow-Zeiten: ....
- Zeit für mich: ....
- Morgenritual   ▪ Abendritual

MEINE ABSICHT

....

....

....

....

....

DER GLAUBE, RECHT
ZU HABEN, IST DIE
GEFÄHRLICHSTE UND
DÜMMSTE ILLUSION
DES MENSCHLICHEN
VERSTANDES. WILLST
DU RECHT HABEN ODER
GLÜCKLICH SEIN?

....

....

....

....

GEISTESBLITZE

....

....

....

SONNTAG:

- ◼ Schlafqualität:.................................
- ◼ Powerhandlung:.............................
- ◼ Deep-Flow-Zeiten:..........................
- ◼ Zeit für mich:................................
- ◼ Morgenritual   ◼ Abendritual

SAMSTAG:

- ◼ Schlafqualität:.................................
- ◼ Powerhandlung:.............................
- ◼ Deep-Flow-Zeiten:..........................
- ◼ Zeit für mich:................................
- ◼ Morgenritual   ◼ Abendritual

FREITAG:

- ◼ Schlafqualität:.................................
- ◼ Powerhandlung:.............................
- ◼ Deep-Flow-Zeiten:..........................
- ◼ Zeit für mich:................................
- ◼ Morgenritual   ◼ Abendritual

Der Garten deiner Liebesbeziehung

Stell dir eine Beziehung wie einen Garten vor. Romantik gibt euch einen ersten Boost, doch dann braucht es Zeit und Liebe, um den Garten zum Erblühen zu bringen. Die folgenden Methoden wirken schnell und stark.

Impuls

1. Vereinbart mindestens einmal wöchentlich eine Zeit, in der es nur um eure Beziehung geht. Hört einander offen zu, ohne euch verändern zu wollen, sondern um einander noch besser kennenzulernen.

2. Schaut euch mindestens einmal am Tag länger als 20 Sekunden in die Augen und umarmt euch mindestens einmal am Tag länger als 20 Sekunden. Ohne Worte. Einfach sanft atmen und die Verbindung spüren.

3. Haltet euch an folgende Regel: Für jeweils maximal 15 Minuten am Tag dürft ihr beide über das sprechen, was euch nervt. In der restlichen Zeit werden nur Komplimente und Wünsche geäußert.

4. Setzt euch gegenüber. Wenn du dran bist, zähle fünf Minuten lang alles auf, was du schön an deinem Gegenüber findest. Der*die andere darf nichts sagen, sondern nur empfangen. Dann wechselt ihr.

5. Setzt euch gegenüber. Wenn du dran bist, zähle zehn Minuten lang alles auf, wofür du deinem Gegenüber dankbar bist. Kleine und große Dinge. Der*die andere hört nur zu und fühlt. Dann wechselt ihr.

6. Frage deine*n Partner*in: »Womit kann ich dir konkret zeigen, dass du mir wichtig bist?« Höre genau hin und wenn es nicht gegen deine Würde verstößt, tu es. Tu es oft!

7. Legt zwei Listen an. Was bereitet euch jeweils Freude? Tauscht euch über die Listen aus. Entwickelt mindestens zehn Ideen, was ihr gemeinsam erleben könntet, bei dem ihr beide auf eure Kosten kommt. Tut es oft!

Der mächtigste Dünger für euren Beziehungsgarten ist eine gemeinsame, leuchtende Vision. Wofür seid ihr zusammengekommen? Was werdet ihr miteinander für die Welt gebären?

....

....

MEINE RÜCKSCHAU FÜR DIE LETZTEN 14 TAGE

Ich habe Sprintziel 1 erreicht: Ja ☐ Nein ☐

Ich habe Sprintziel 2 erreicht: Ja ☐ Nein ☐

Ich habe Sprintziel 3 erreicht: Ja ☐ Nein ☐

DAS LIEF IN DIESEM SPRINT SEHR GUT:

....

....

....

DAS WILL ICH IM NÄCHSTEN SPRINT VERBESSERN:

....

....

....

MEINE WERTVOLLSTEN ERKENNTNISSE:

....

....

....

ICH BIN DANKBAR FÜR:

....

....

....

DEIN SPRINT

FÜHLE DEIN POWERZIEL!

Lege deine Lieblingsmusik auf, die dir Kraft spendet und zum Träumen einlädt. Blättere auf Seite 8 und tauche voll in dein Ziel ein, so als wäre es bereits verwirklicht.

Was oder wer könnte dich in den kommenden 14 Tagen auf deinem Weg zu diesem Ziel wirksam stärken, inspirieren, unterstützen?

....

....

SPRINTZIEL 1

Das werde ich in diesem Sprint für mein Powerziel umsetzen:

....

....

....

SPRINTZIEL 2

Das werde ich in diesem Sprint für meine Gesamtvision umsetzen:

....

....

....

SPRINTZIEL 3

Das werde ich in diesem Sprint für meine pure Freude umsetzen:

....

....

....

SPRINTCHECK

■ Ich kann meine Sprintziele in diesem Zeitraum realistisch umsetzen.

■ Meine Sprintziele fordern mich ausreichend heraus.

■ Meine Sprintziele unterstützen mein Powerziel, meine Gesamtvision und meine Freude.

NOTIZEN

MONTAG:

- Schlafqualität: ....
- Powerhandlung: ....
- Deep-Flow-Zeiten: ....
- Zeit für mich: ....
- Morgenritual   Abendritual

MEINE ABSICHT

....
....
....
....
....

DIENSTAG:

- Schlafqualität: ....
- Powerhandlung: ....
- Deep-Flow-Zeiten: ....
- Zeit für mich: ....
- Morgenritual   Abendritual

MITTWOCH:

- Schlafqualität: ....
- Powerhandlung: ....
- Deep-Flow-Zeiten: ....
- Zeit für mich: ....
- Morgenritual   Abendritual

DONNERSTAG:

- Schlafqualität: ....
- Powerhandlung: ....
- Deep-Flow-Zeiten: ....
- Zeit für mich: ....
- Morgenritual   Abendritual

ERKENNST DU SCHÖNHEIT, WENN DU IHR BEGEGNEST?

....

....

....

....

....

....

GEISTESBLITZE

....

....

....

SONNTAG:

- ▪ Schlafqualität:................................
- ▪ Powerhandlung:...............................
- ▪ Deep-Flow-Zeiten:..........................
- ▪ Zeit für mich:..................................
- ▪ Morgenritual   ▪ Abendritual

SAMSTAG:

- ▪ Schlafqualität:................................
- ▪ Powerhandlung:...............................
- ▪ Deep-Flow-Zeiten:..........................
- ▪ Zeit für mich:..................................
- ▪ Morgenritual   ▪ Abendritual

FREITAG:

- ▪ Schlafqualität:................................
- ▪ Powerhandlung:...............................
- ▪ Deep-Flow-Zeiten:..........................
- ▪ Zeit für mich:..................................
- ▪ Morgenritual   ▪ Abendritual

MONTAG:

- Schlafqualität:.................................
- Powerhandlung:..............................
- Deep-Flow-Zeiten:...........................
- Zeit für mich:................................
- Morgenritual   - Abendritual

DIENSTAG:

- Schlafqualität:................................
- Powerhandlung:..............................
- Deep-Flow-Zeiten:..........................
- Zeit für mich:...............................
- Morgenritual   - Abendritual

MITTWOCH:

- Schlafqualität:..................................
- Powerhandlung:...............................
- Deep-Flow-Zeiten:...........................
- Zeit für mich:.................................
- Morgenritual   - Abendritual

DONNERSTAG:

- Schlafqualität:...................................
- Powerhandlung:..............................
- Deep-Flow-Zeiten:...........................
- Zeit für mich:.................................
- Morgenritual   - Abendritual

MEINE ABSICHT

....

....

....

....

....

WANN WARST DU DAS LETZTE MAL VON DIR SELBST SO RICHTIG ÜBERRASCHT?

....

....

....

....

....

....

GEISTESBLITZE

....

....

....

SONNTAG:

- ◼ Schlafqualität:...............................
- ◼ Powerhandlung:.............................
- ◼ Deep-Flow-Zeiten:..........................
- ◼ Zeit für mich:................................
- ◼ Morgenritual   ◼ Abendritual

SAMSTAG:

- ◼ Schlafqualität:...............................
- ◼ Powerhandlung:.............................
- ◼ Deep-Flow-Zeiten:..........................
- ◼ Zeit für mich:................................
- ◼ Morgenritual   ◼ Abendritual

FREITAG:

- ◼ Schlafqualität:...............................
- ◼ Powerhandlung:.............................
- ◼ Deep-Flow-Zeiten:..........................
- ◼ Zeit für mich:................................
- ◼ Morgenritual   ◼ Abendritual

Die Züge deines Lebens

Impuls

Stell dir vor, jedes Gespräch, jeder Job, jede Beziehung ist ein Zug, der dich irgendwohin bringt. Manchmal springst du vielleicht in einen Zug, weil gerade alle mit ihm fahren und du dich fürchtest, etwas zu verpassen. Ein anderer Zug verspricht dir schnellen Erfolg oder geilen Sex. In manchen landest du nur, weil du es als unhöflich empfindest, Nein zu sagen, wenn dich jemand auffordert, einzusteigen.

Doch dein Leben ist so unendlich kostbar. Jeder Tag ist so wertvoll. Steige nicht in jeden Zug, der vor deiner Tür hält. Was nützt dir eine spektakuläre Fahrt, wenn sie dich in eine falsche Richtung, weg von deiner Bestimmung führt? Was nützt es dir, wenn du mit den falschen Leuten im Abteil landest?

Ich bin überzeugt, dass wir alle einer Bestimmung folgen. Wenn sich die Züge unseres Lebens in diese Richtung bewegen, wird die Freude stärker und der Frieden tiefer. Wenn sie davon wegführen, fühlen wir uns ungut. Irgendwann werden wir traurig und leiden richtig.

Weißt du, wohin du willst? Weißt du,
mit wem du gerne fährst?
Bist du es dir wert,
nur in deine Züge einzusteigen?

Manchmal musst du vielleicht einige Zeit allein auf dem Bahnsteig verbringen, bis wirklich dein nächster Zug einfährt. Und dann und wann wird dich deine Reise auch weg von alten Freund*innen oder dem Mainstream führen. Das erfordert Mut.

Steig nur ein und bleib nur sitzen, wenn es sich gut und richtig anfühlt. Es ist *dein* Leben.

MEINE RÜCKSCHAU FÜR DIE LETZTEN 14 TAGE

Ich habe Sprintziel 1 erreicht: Ja   Nein

Ich habe Sprintziel 2 erreicht: Ja   Nein

Ich habe Sprintziel 3 erreicht: Ja   Nein

DAS LIEF IN DIESEM SPRINT SEHR GUT:

....

....

....

....

DAS WILL ICH IM NÄCHSTEN SPRINT VERBESSERN:

....

....

....

....

MEINE WERTVOLLSTEN ERKENNTNISSE:

....

....

....

....

ICH BIN DANKBAR FÜR:

....

....

....

....

DEIN SPRINT

FÜHLE DEIN POWERZIEL!

Lege deine Lieblingsmusik auf, die dir Kraft spendet und zum Träumen einlädt. Blättere auf Seite 8 und tauche voll in dein Ziel ein, so als wäre es bereits verwirklicht.

Was oder wer könnte dich in den kommenden 14 Tagen auf deinem Weg zu diesem Ziel wirksam stärken, inspirieren, unterstützen?

....

....

SPRINTZIEL 1

Das werde ich in diesem Sprint für mein Powerziel umsetzen:

....

....

....

SPRINTZIEL 2

Das werde ich in diesem Sprint für meine Gesamtvision umsetzen:

....

....

....

SPRINTZIEL 3

Das werde ich in diesem Sprint für meine pure Freude umsetzen:

....

....

....

SPRINTCHECK

- ■ Ich kann meine Sprintziele in diesem Zeitraum realistisch umsetzen.
- ■ Meine Sprintziele fordern mich ausreichend heraus.
- ■ Meine Sprintziele unterstützen mein Powerziel, meine Gesamtvision und meine Freude.

NOTIZEN

MONTAG:

- Schlafqualität:...................................
- Powerhandlung:.............................
- Deep-Flow-Zeiten:...........................
- Zeit für mich:................................
- Morgenritual ▪ Abendritual

MEINE ABSICHT

....

....

....

....

....

DIENSTAG:

- Schlafqualität:...................................
- Powerhandlung:.............................
- Deep-Flow-Zeiten:...........................
- Zeit für mich:................................
- Morgenritual ▪ Abendritual

MITTWOCH:

- Schlafqualität:...................................
- Powerhandlung:.............................
- Deep-Flow-Zeiten:...........................
- Zeit für mich:................................
- Morgenritual ▪ Abendritual

DONNERSTAG:

- Schlafqualität:...................................
- Powerhandlung:.............................
- Deep-Flow-Zeiten:...........................
- Zeit für mich:................................
- Morgenritual ▪ Abendritual

WIE KANNST DU IN DEINEM LEBEN MEHR RAUM FÜR DIE ZARTEN UND VERLETZBAREN ANTEILE DEINES WESENS SCHAFFEN?

....

....

....

....

....

GEISTESBLITZE

....

....

....

SONNTAG:
- Schlafqualität:.................................
- Powerhandlung:.................................
- Deep-Flow-Zeiten:.........................
- Zeit für mich:.................................
- Morgenritual   ▪ Abendritual

SAMSTAG:
- Schlafqualität:.................................
- Powerhandlung:.................................
- Deep-Flow-Zeiten:.........................
- Zeit für mich:.................................
- Morgenritual   ▪ Abendritual

FREITAG:
- Schlafqualität:.................................
- Powerhandlung:.................................
- Deep-Flow-Zeiten:.........................
- Zeit für mich:.................................
- Morgenritual   ▪ Abendritual

MONTAG:

- Schlafqualität: ....
- Powerhandlung: ....
- Deep-Flow-Zeiten: ....
- Zeit für mich: ....
- Morgenritual ▪ Abendritual

DIENSTAG:

- Schlafqualität: ....
- Powerhandlung: ....
- Deep-Flow-Zeiten: ....
- Zeit für mich: ....
- Morgenritual ▪ Abendritual

MITTWOCH:

- Schlafqualität: ....
- Powerhandlung: ....
- Deep-Flow-Zeiten: ....
- Zeit für mich: ....
- Morgenritual ▪ Abendritual

DONNERSTAG:

- Schlafqualität: ....
- Powerhandlung: ....
- Deep-Flow-Zeiten: ....
- Zeit für mich: ....
- Morgenritual ▪ Abendritual

MEINE ABSICHT

....

....

....

....

....

KONZENTRIERST DU DICH MEISTENS AUF DAS, WAS DU LIEBST, ODER EHER AUF DAS, WAS DU NICHT MAGST?

....

....

....

....

GEISTESBLITZE

....

....

....

SONNTAG:

- Schlafqualität:..............................
- Powerhandlung:.............................
- Deep-Flow-Zeiten:..........................
- Zeit für mich:................................
- Morgenritual   ■ Abendritual

SAMSTAG:

- Schlafqualität:..............................
- Powerhandlung:.............................
- Deep-Flow-Zeiten:..........................
- Zeit für mich:................................
- Morgenritual   ■ Abendritual

FREITAG:

- Schlafqualität:..............................
- Powerhandlung:.............................
- Deep-Flow-Zeiten:..........................
- Zeit für mich:................................
- Morgenritual   ■ Abendritual

Lauschen ist die höchste Kunst der Kommunikation

Impuls

Wann hast du einem anderen Menschen das letzte Mal offen gelauscht?

Es gibt einen bedeutsamen Unterschied zwischen normalem Zuhören und wahrhaft offenem Lauschen. Beim Zuhören wartet ein Ego darauf, dass das andere Ego seine Geschichte beendet, damit es endlich seine eigene erzählen kann. Diese Form des Gesprächs kann sich sehr lebendig anfühlen. Im Nachklang hinterlässt sie – wenn du aufmerksam bist – eine subtile Spur der Enttäuschung. Denn die Möglichkeit der Begegnung für echte Berührung und Transformation wurde nicht genutzt. Beide Egos gehen unverändert daraus hervor.

Lauschen ist eine andere Nummer. Dafür braucht es mehr, als nur mal für fünf Minuten den Mund zu halten. Lauschen entspringt deiner Bereitschaft, die bewertenden Urteile und deine eigenen Bedürfnisse für eine gewisse Zeit zu entspannen und mit einem mitfühlenden Herzen und einem neugierigen Geist in die innere Welt deines Gegenübers einzutauchen.

Unser Ego hat Angst, dabei etwas zu verpassen. Es begehrt innerlich auf: »Was ist mit mir? Ich darf nicht zu kurz kommen!« Doch keine Angst. Du wirst dabei nichts verpassen – und im Gegenteil so viel gewinnen.

Wenn du mehr über die Geschichte deines Mitmenschen weißt, wirst du die Logik, ja, die Weisheit seines Lebensstromes besser verstehen. Du wirst ihn tiefer lieben können. Du wirst aber auch so viel über dich lernen, denn dein Gegenüber ist immer auch ein Spiegelbild unerkannter Anteile in dir. Außerdem wirst du eine wunderbare Beobachtung machen: Lauschen öffnet einen unsichtbaren, doch fühlbaren Raum, in den hinein wir uns entspannen können. Dein Gegenüber wird vor deinen Augen aufblühen. In einer so sendungsbesessenen Gesellschaft wie der unsrigen ist Lauschen die Oase für unsere Seelen.

Wir müssen nicht noch mehr oder lauter sprechen.
Wir sollten lernen, uns und dem Leben wieder mehr zu lauschen.
Dann werden wir feststellen: Wir sind umgeben von Wundern.

MEINE RÜCKSCHAU FÜR DIE LETZTEN 14 TAGE

Ich habe Sprintziel 1 erreicht: Ja   Nein

Ich habe Sprintziel 2 erreicht: Ja   Nein

Ich habe Sprintziel 3 erreicht: Ja   Nein

DAS LIEF IN DIESEM SPRINT SEHR GUT:

....

....

....

DAS WILL ICH IM NÄCHSTEN SPRINT VERBESSERN:

....

....

....

MEINE WERTVOLLSTEN ERKENNTNISSE:

....

....

....

ICH BIN DANKBAR FÜR:

....

....

....

DEIN SPRINT

FÜHLE DEIN POWERZIEL!

Lege deine Lieblingsmusik auf, die dir Kraft spendet und zum Träumen einlädt. Blättere auf Seite 8 und tauche voll in dein Ziel ein, so als wäre es bereits verwirklicht.

Was oder wer könnte dich in den kommenden 14 Tagen auf deinem Weg zu diesem Ziel wirksam stärken, inspirieren, unterstützen?

....

....

SPRINTZIEL 1

Das werde ich in diesem Sprint für mein Powerziel umsetzen:

....

....

....

SPRINTZIEL 2

Das werde ich in diesem Sprint für meine Gesamtvision umsetzen:

....

....

....

SPRINTZIEL 3

Das werde ich in diesem Sprint für meine pure Freude umsetzen:

....

....

....

SPRINTCHECK

- ■ Ich kann meine Sprintziele in diesem Zeitraum realistisch umsetzen.
- ■ Meine Sprintziele fordern mich ausreichend heraus.
- ■ Meine Sprintziele unterstützen mein Powerziel, meine Gesamtvision und meine Freude.

NOTIZEN

MONTAG:

- Schlafqualität: ....
- Powerhandlung: ....
- Deep-Flow-Zeiten: ....
- Zeit für mich: ....
- Morgenritual   - Abendritual

DIENSTAG:

- Schlafqualität: ....
- Powerhandlung: ....
- Deep-Flow-Zeiten: ....
- Zeit für mich: ....
- Morgenritual   - Abendritual

MITTWOCH:

- Schlafqualität: ....
- Powerhandlung: ....
- Deep-Flow-Zeiten: ....
- Zeit für mich: ....
- Morgenritual   - Abendritual

DONNERSTAG:

- Schlafqualität: ....
- Powerhandlung: ....
- Deep-Flow-Zeiten: ....
- Zeit für mich: ....
- Morgenritual   - Abendritual

MEINE ABSICHT

....

....

....

....

....

WO IN DEINEM LEBEN HAST DU DIR SCHULDGEFÜHLE EINREDEN LASSEN, VON DENEN DU DICH HEUTE VERABSCHIEDEN MÖCHTEST?

....

....

....

....

....

GEISTESBLITZE

....

....

....

SONNTAG:

- Schlafqualität:...............................
- Powerhandlung:............................
- Deep-Flow-Zeiten:.........................
- Zeit für mich:.................................
- Morgenritual ▪ Abendritual

SAMSTAG:

- Schlafqualität:...............................
- Powerhandlung:............................
- Deep-Flow-Zeiten:.........................
- Zeit für mich:.................................
- Morgenritual ▪ Abendritual

FREITAG:

- Schlafqualität:...............................
- Powerhandlung:............................
- Deep-Flow-Zeiten:.........................
- Zeit für mich:.................................
- Morgenritual ▪ Abendritual

MONTAG:

- Schlafqualität: ....
- Powerhandlung: ....
- Deep-Flow-Zeiten: ....
- Zeit für mich: ....
- ■ Morgenritual ■ Abendritual

MEINE ABSICHT

....

....

....

....

....

DIENSTAG:

- Schlafqualität: ....
- Powerhandlung: ....
- Deep-Flow-Zeiten: ....
- Zeit für mich: ....
- ■ Morgenritual ■ Abendritual

MITTWOCH:

- Schlafqualität: ....
- Powerhandlung: ....
- Deep-Flow-Zeiten: ....
- Zeit für mich: ....
- ■ Morgenritual ■ Abendritual

DONNERSTAG:

- Schlafqualität: ....
- Powerhandlung: ....
- Deep-Flow-Zeiten: ....
- Zeit für mich: ....
- ■ Morgenritual ■ Abendritual

WENN KEINE PERSON DA IST, DIE DEIN PROBLEM EIN »PROBLEM« NENNT, IST ES DANN NOCH EIN PROBLEM?

....

....

....

....

....

GEISTESBLITZE

....

....

....

SONNTAG:

- Schlafqualität:................................
- Powerhandlung:................................
- Deep-Flow-Zeiten:...........................
- Zeit für mich:..................................
- Morgenritual   ▪ Abendritual

SAMSTAG:

- Schlafqualität:................................
- Powerhandlung:................................
- Deep-Flow-Zeiten:...........................
- Zeit für mich:..................................
- Morgenritual   ▪ Abendritual

FREITAG:

- Schlafqualität:................................
- Powerhandlung:................................
- Deep-Flow-Zeiten:...........................
- Zeit für mich:..................................
- Morgenritual   ▪ Abendritual

Erhebe deine Stimme

Jeder Mensch hat etwas Kostbares mit uns allen zu teilen.

Du hast eine Stimme und wenn du sie zurückhältst,
fehlt eine bedeutsame Note in der Sinfonie des Universums.

Impuls

Lass dich ruhig von anderen inspirieren. Lausche ihren Stimmen, doch vergiss nicht, auch deine mit einzubringen. Vielleicht wirst du leiser, wilder, zarter, mächtiger, verrückter oder behutsamer zu uns sprechen. Vielleicht wird deine Stimme sich durch Sprechen, Schweigen, Singen, Tanzen oder Handeln an uns verschenken. Konzentriere dich auf deine Geschichte und deren Essenz. Deine Stimme ist unverwechselbar und einzigartig. Sie ist gefärbt von all deinen Erfahrungen, deinem Wissen, deinen Emotionen und den tieferen Farben deiner Seele.

Wann ist der richtige Zeitpunkt, deine Stimme einzubringen? Wenn du unruhig wirst. Wenn du spürst, dass etwas in dieser Realität nicht stimmt. Wenn die Kraft aus dir herausprudeln möchte. Manchmal lustvoll, manchmal wütend. Halte sie nicht auf! Erlaube ihr, sich auszuprobieren, bis du den Ton findest, mit dem du deine Botschaft wirksam teilen kannst. Warte nicht auf die richtigen Umstände. Die passende Arena ist immer hier. Im Gespräch mit dir selbst. Am Frühstückstisch mit deinen Liebsten. Auf der Straße unter Fremden. Im Arbeitsmeeting.

Gib dich nicht der Angst hin, dass deine Stimme nicht gehört wird oder dass sie in der Masse verloren geht. Denn es gibt Menschen da draußen, die auf genau das warten, was du zu sagen hast. Deine Botschaft mag für manche wie ein Samenkorn sein, das in fruchtbaren Boden fällt und aufblüht. Für andere kann sie ein Leuchtfeuer der Hoffnung und Inspiration sein. Deine Stimme kann dazu beitragen, Brücken zu bauen, wo Mauern stehen, und Licht in die Dunkelheit zu bringen. Fasse Mut, sei authentisch und teile deine Stimme mit der Welt. Denn es geschieht durch das Teilen unserer Stimmen, dass wir miteinander wachsen und uns weiterentwickeln können. In diesem großen Konzert des Lebens ist jede Stimme, jede Note, jedes Wort wichtig – und deine Stimme ist ein unverzichtbarer Teil davon.

MEINE RÜCKSCHAU FÜR DIE LETZTEN 14 TAGE

Ich habe Sprintziel 1 erreicht: Ja   Nein

Ich habe Sprintziel 2 erreicht: Ja   Nein

Ich habe Sprintziel 3 erreicht: Ja   Nein

DAS LIEF IN DIESEM SPRINT SEHR GUT:

....

....

....

....

DAS WILL ICH IM NÄCHSTEN SPRINT VERBESSERN:

....

....

....

....

MEINE WERTVOLLSTEN ERKENNTNISSE:

....

....

....

....

ICH BIN DANKBAR FÜR:

....

....

....

....

DEIN SPRINT

Lege deine Lieblingsmusik auf, die dir Kraft spendet und zum Träumen einlädt. Blättere auf Seite 8 und tauche voll in dein Ziel ein, so als wäre es bereits verwirklicht.

Was oder wer könnte dich in den kommenden 14 Tagen auf deinem Weg zu diesem Ziel wirksam stärken, inspirieren, unterstützen?

....

....

SPRINTZIEL 1

Das werde ich in diesem Sprint für mein Powerziel umsetzen:

....

....

....

SPRINTZIEL 2

Das werde ich in diesem Sprint für meine Gesamtvision umsetzen:

....

....

....

SPRINTZIEL 3

Das werde ich in diesem Sprint für meine pure Freude umsetzen:

....

....

....

SPRINTCHECK

- ▪ Ich kann meine Sprintziele in diesem Zeitraum realistisch umsetzen.
- ▪ Meine Sprintziele fordern mich ausreichend heraus.
- ▪ Meine Sprintziele unterstützen mein Powerziel, meine Gesamtvision und meine Freude.

NOTIZEN

MONTAG:

- Schlafqualität:................................
- Powerhandlung:............................
- Deep-Flow-Zeiten:........................
- Zeit für mich:...............................
- Morgenritual ■ Abendritual

MEINE ABSICHT

....

....

....

....

....

DIENSTAG:

- Schlafqualität:................................
- Powerhandlung:............................
- Deep-Flow-Zeiten:........................
- Zeit für mich:...............................
- Morgenritual ■ Abendritual

MITTWOCH:

- Schlafqualität:................................
- Powerhandlung:............................
- Deep-Flow-Zeiten:........................
- Zeit für mich:...............................
- Morgenritual ■ Abendritual

DONNERSTAG:

- Schlafqualität:................................
- Powerhandlung:............................
- Deep-Flow-Zeiten:........................
- Zeit für mich:...............................
- Morgenritual ■ Abendritual

....

....

....

....

GEISTESBLITZE

....

....

....

SONNTAG:

▨ Schlafqualität:...............................

▨ Powerhandlung:............................

▨ Deep-Flow-Zeiten:.........................

▨ Zeit für mich:...............................

▨ Morgenritual   ▨ Abendritual

SAMSTAG:

▨ Schlafqualität:...............................

▨ Powerhandlung:............................

▨ Deep-Flow-Zeiten:.........................

▨ Zeit für mich:...............................

▨ Morgenritual   ▨ Abendritual

FREITAG:

▨ Schlafqualität:...............................

▨ Powerhandlung:............................

▨ Deep-Flow-Zeiten:.........................

▨ Zeit für mich:...............................

▨ Morgenritual   ▨ Abendritual

MONTAG:

- Schlafqualität: ....
- Powerhandlung: ....
- Deep-Flow-Zeiten:...............................
- Zeit für mich:.....................................
- Morgenritual   ◼ Abendritual

MEINE ABSICHT

....

....

....

....

....

DIENSTAG:

- Schlafqualität: ....
- Powerhandlung: ....
- Deep-Flow-Zeiten:...............................
- Zeit für mich:.....................................
- Morgenritual   ◼ Abendritual

MITTWOCH:

- Schlafqualität: ....
- Powerhandlung: ....
- Deep-Flow-Zeiten:...............................
- Zeit für mich:.....................................
- Morgenritual   ◼ Abendritual

DONNERSTAG:

- Schlafqualität: ....
- Powerhandlung: ....
- Deep-Flow-Zeiten:...............................
- Zeit für mich:.....................................
- Morgenritual   ◼ Abendritual

WORAUF WARTEST DU? AUF DEN RICHTIGEN ZEITPUNKT? UND WAS, WENN ER NIE KOMMT?

....

....

....

....

....

GEISTESBLITZE

....

....

....

SONNTAG:

- ■ Schlafqualität: ....
- ■ Powerhandlung: ....
- ■ Deep-Flow-Zeiten: ....
- ■ Zeit für mich: ....
- ■ Morgenritual   ■ Abendritual

SAMSTAG:

- ■ Schlafqualität: ....
- ■ Powerhandlung: ....
- ■ Deep-Flow-Zeiten: ....
- ■ Zeit für mich: ....
- ■ Morgenritual   ■ Abendritual

FREITAG:

- ■ Schlafqualität: ....
- ■ Powerhandlung: ....
- ■ Deep-Flow-Zeiten: ....
- ■ Zeit für mich: ....
- ■ Morgenritual   ■ Abendritual

Was bedeutet Erfolg für dich?

Erfolg ist eine sehr wertvolle Tugend. Erfolg bedeutet – neutral betrachtet –, deine Fähigkeit, dein Potenzial optimal für deine Werte und Bedürfnisse einzusetzen. Denn was nützt es dir, wenn du zwar schillernde Visionen in dir trägst, du aber unfähig bist, sie auf die Straße zu bringen? Oder wenn andere dich vor den Karren ihres Erfolgs spannen, weil du nicht weißt, was du willst?

Erfolg ist ein extrem nützliches Werkzeug. Du brauchst es, um dein Leben in erfüllende Bahnen zu lenken. Denn spätestens wenn du dich aktiv an der Rettung unserer Welt beteiligen möchtest, nützen dir deine Ideale allein leider gar nichts! Wir brauchen mehr gutgesinnte Menschen, die bereit sind, ihre Werte nicht nur mit Gleichgesinnten zu be- und zerreden, sondern wirksam in die Welt zu tragen.

Um auf eine gute Weise erfolgreich zu sein, musst du also erst einmal klären, was Erfolg für dich bedeutet. Vergiss, was die anderen unter Erfolg verstehen oder was die Welt gerade als Erfolg definiert. Niemand steht an deiner Stelle.

Frage dich mutig und radikal: Wenn alles möglich wäre und ich mich wichtig nehmen würde, was will ich wirklich-wirklich?

....

....

....

Empfange es. Benenne es. Schreib es auf. Dann geh von der Bremse und spiel das beste Spiel deines Lebens. Erfolg regt deine Entwicklung an. Er lockt dich aus der Komfortzone. Er macht dich sichtbar. Er lässt dich neue Wahrheiten über dich entdecken. Erfolg in dem, was du liebst, weitet deinen Geist, durchflutet dich mit Ekstase und lässt dich still werden.

Hast du Lust auf diese Form des Erfolgs? Dann mal los!

MEINE RÜCKSCHAU FÜR DIE LETZTEN 14 TAGE

Ich habe Sprintziel 1 erreicht: Ja ☐   Nein ☐

Ich habe Sprintziel 2 erreicht: Ja ☐   Nein ☐

Ich habe Sprintziel 3 erreicht: Ja ☐   Nein ☐

DAS LIEF IN DIESEM SPRINT SEHR GUT:

DAS WILL ICH IM NÄCHSTEN SPRINT VERBESSERN:

MEINE WERTVOLLSTEN ERKENNTNISSE:

ICH BIN DANKBAR FÜR:

DEIN SPRINT

FÜHLE DEIN POWERZIEL!

Lege deine Lieblingsmusik auf, die dir Kraft spendet und zum Träumen einlädt. Blättere auf Seite 8 und tauche voll in dein Ziel ein, so als wäre es bereits verwirklicht.

Was oder wer könnte dich in den kommenden 14 Tagen auf deinem Weg zu diesem Ziel wirksam stärken, inspirieren, unterstützen?

....

....

SPRINTZIEL 1

Das werde ich in diesem Sprint für mein Powerziel umsetzen:

....

....

....

SPRINTZIEL 2

Das werde ich in diesem Sprint für meine Gesamtvision umsetzen:

....

....

....

SPRINTZIEL 3

Das werde ich in diesem Sprint für meine pure Freude umsetzen:

....

....

....

SPRINTCHECK

▪ Ich kann meine Sprintziele in diesem Zeitraum realistisch umsetzen.

▪ Meine Sprintziele fordern mich ausreichend heraus.

▪ Meine Sprintziele unterstützen mein Powerziel, meine Gesamtvision und meine Freude.

NOTIZEN

....

....

....

....

....

....

....

....

....

....

....

....

....

MONTAG:

- Schlafqualität: ....
- Powerhandlung: ....
- Deep-Flow-Zeiten: ....
- Zeit für mich: ....
- Morgenritual ▓ Abendritual

MEINE ABSICHT

....

....

....

....

....

DIENSTAG:

- Schlafqualität: ....
- Powerhandlung: ....
- Deep-Flow-Zeiten: ....
- Zeit für mich: ....
- Morgenritual ▓ Abendritual

MITTWOCH:

- Schlafqualität: ....
- Powerhandlung: ....
- Deep-Flow-Zeiten: ....
- Zeit für mich: ....
- Morgenritual ▓ Abendritual

DONNERSTAG:

- Schlafqualität: ....
- Powerhandlung: ....
- Deep-Flow-Zeiten: ....
- Zeit für mich: ....
- Morgenritual ▓ Abendritual

WIE MÜSSTEST DU HEUTE LEBEN, UM AM ENDE DEINES LEBENS ZUFRIEDEN UND LÄCHELND AUF DIESEN TAG ZU SCHAUEN?

....

....

....

....

....

GEISTESBLITZE

....

....

....

SONNTAG:

- Schlafqualität:................................
- Powerhandlung:................................
- Deep-Flow-Zeiten:................................
- Zeit für mich:................................
- Morgenritual ▨ Abendritual

SAMSTAG:

- Schlafqualität:................................
- Powerhandlung:................................
- Deep-Flow-Zeiten:................................
- Zeit für mich:................................
- Morgenritual ▨ Abendritual

FREITAG:

- Schlafqualität:................................
- Powerhandlung:................................
- Deep-Flow-Zeiten:................................
- Zeit für mich:................................
- Morgenritual ▨ Abendritual

MONTAG:

- Schlafqualität:................................
- Powerhandlung:.............................
- Deep-Flow-Zeiten:..........................
- Zeit für mich:..............................
- Morgenritual ■ Abendritual

MEINE ABSICHT

....
....
....
....
....

DIENSTAG:

- Schlafqualität:................................
- Powerhandlung:.............................
- Deep-Flow-Zeiten:..........................
- Zeit für mich:..............................
- Morgenritual ■ Abendritual

MITTWOCH:

- Schlafqualität:................................
- Powerhandlung:.............................
- Deep-Flow-Zeiten:..........................
- Zeit für mich:..............................
- Morgenritual ■ Abendritual

DONNERSTAG:

- Schlafqualität:................................
- Powerhandlung:.............................
- Deep-Flow-Zeiten:..........................
- Zeit für mich:..............................
- Morgenritual ■ Abendritual

ALLES ZU GEBEN
BEDEUTET, DICH
HINZUGEBEN: EINER
SACHE, EINEM MENSCHEN,
EINEM MOMENT, EINEM
WEG. BIST DU DAFÜR
BEREIT?

....

....

....

....

GEISTESBLITZE

....

....

....

SONNTAG:

- Schlafqualität:................................
- Powerhandlung:...........................
- Deep-Flow-Zeiten:........................
- Zeit für mich:...............................
- Morgenritual   ■ Abendritual

SAMSTAG:

- Schlafqualität:................................
- Powerhandlung:...........................
- Deep-Flow-Zeiten:........................
- Zeit für mich:...............................
- Morgenritual   ■ Abendritual

FREITAG:

- Schlafqualität:................................
- Powerhandlung:...........................
- Deep-Flow-Zeiten:........................
- Zeit für mich:...............................
- Morgenritual   ■ Abendritual

Eine Liebeserklärung an dich

Impuls

Du bist wunderschön.

Du bist ein kreatives Genie.

Du bist wahrhaftig.

Du bist unendlich wertvoll.

Du hast das Recht auf ein glückliches Leben in Freiheit, Reichtum und Gesundheit.

Dein Leben ist ein kostbares Abenteuer der Selbsterkenntnis.

Du liebst dich genau so, wie du bist.

Du fühlst dich von deinen Mitmenschen und der gesamten Existenz geliebt.

Du liebst frei und bedingungslos zurück.

Du bist eine Schatztruhe, gefüllt mit Weisheit, Wissen und Fähigkeiten.

Du traust dich, bemerkenswert zu sein.

Du verschenkst deine Gaben voller Freude.

Du bist alles und du bist entspannt nichts.

Du tanzt frei durch dein Leben und ruhst doch still in dir.

Egal, wie alt du bist, die beste Zeit liegt noch vor dir.

Du bist ein Wunder, umgeben von Wundern.

Es erwarten dich noch viele Wunder.

Das Leben ist gut zu dir.

Du bist gut.

Du bist frei.

Was hast du gedacht, als du diese Sätze über dich gelesen hast? Konntest du sie uneingeschränkt bejahen? Spiegeln sie sich in deinem alltäglichen Leben wider? Oder lösen die Sätze Widerstand in dir aus? Zweifel? Verneinung? Frust? Egal, wie du reagiert hast – was da geschrieben steht, ist die Wahrheit über dich, über mich, über uns alle. Wenn wir es jetzt noch nicht vollständig fühlen oder leben können, liegt ein Irrtum im Geist vor.

Wir haben irgendwann eine begrenzende Lüge über uns gehört und als Wahrheit akzeptiert. Wir haben vergessen, wer wir wirklich sind: wunderschöne, einzigartige, liebenswerte, schöpferische Genies.

MEINE RÜCKSCHAU FÜR DIE LETZTEN 14 TAGE

Ich habe Sprintziel 1 erreicht: Ja ☐ Nein ☐

Ich habe Sprintziel 2 erreicht: Ja ☐ Nein ☐

Ich habe Sprintziel 3 erreicht: Ja ☐ Nein ☐

DAS LIEF IN DIESEM SPRINT SEHR GUT:

....

....

....

DAS WILL ICH IM NÄCHSTEN SPRINT VERBESSERN:

....

....

....

MEINE WERTVOLLSTEN ERKENNTNISSE:

....

....

....

ICH BIN DANKBAR FÜR:

....

....

....

DEIN SPRINT

FÜHLE DEIN POWERZIEL!

Lege deine Lieblingsmusik auf, die dir Kraft spendet und zum Träumen einlädt. Blättere auf Seite 8 und tauche voll in dein Ziel ein, so als wäre es bereits verwirklicht.

Was oder wer könnte dich in den kommenden 14 Tagen auf deinem Weg zu diesem Ziel wirksam stärken, inspirieren, unterstützen?

....

....

SPRINTZIEL 1

Das werde ich in diesem Sprint für mein Powerziel umsetzen:

....

....

....

SPRINTZIEL 2

Das werde ich in diesem Sprint für meine Gesamtvision umsetzen:

....

....

....

SPRINTZIEL 3

Das werde ich in diesem Sprint für meine pure Freude umsetzen:

....

....

....

SPRINTCHECK

- ◼ Ich kann meine Sprintziele in diesem Zeitraum realistisch umsetzen.
- ◼ Meine Sprintziele fordern mich ausreichend heraus.
- ◼ Meine Sprintziele unterstützen mein Powerziel, meine Gesamtvision und meine Freude.

NOTIZEN

MONTAG:

- Schlafqualität: ....
- Powerhandlung: ....
- Deep-Flow-Zeiten: ....
- Zeit für mich: ....
- Morgenritual   ■ Abendritual

DIENSTAG:

- Schlafqualität: ....
- Powerhandlung: ....
- Deep-Flow-Zeiten: ....
- Zeit für mich: ....
- Morgenritual   ■ Abendritual

MITTWOCH:

- Schlafqualität: ....
- Powerhandlung: ....
- Deep-Flow-Zeiten: ....
- Zeit für mich: ....
- Morgenritual   ■ Abendritual

DONNERSTAG:

- Schlafqualität: ....
- Powerhandlung: ....
- Deep-Flow-Zeiten: ....
- Zeit für mich: ....
- Morgenritual   ■ Abendritual

MEINE ABSICHT

....

....

....

....

....

GEISTESBLITZE

....

....

....

SONNTAG:

- Schlafqualität:...............................
- Powerhandlung:...............................
- Deep-Flow-Zeiten:...........................
- Zeit für mich:................................
- Morgenritual   ■ Abendritual

SAMSTAG:

- Schlafqualität:...............................
- Powerhandlung:...............................
- Deep-Flow-Zeiten:...........................
- Zeit für mich:................................
- Morgenritual   ■ Abendritual

FREITAG:

- Schlafqualität:...............................
- Powerhandlung:...............................
- Deep-Flow-Zeiten:...........................
- Zeit für mich:................................
- Morgenritual   ■ Abendritual

MONTAG:

- Schlafqualität: ....
- Powerhandlung: ....
- Deep-Flow-Zeiten: ....
- Zeit für mich: ....
- Morgenritual ■ Abendritual

DIENSTAG:

- Schlafqualität: ....
- Powerhandlung: ....
- Deep-Flow-Zeiten: ....
- Zeit für mich: ....
- Morgenritual ■ Abendritual

MITTWOCH:

- Schlafqualität: ....
- Powerhandlung: ....
- Deep-Flow-Zeiten: ....
- Zeit für mich: ....
- Morgenritual ■ Abendritual

DONNERSTAG:

- Schlafqualität: ....
- Powerhandlung: ....
- Deep-Flow-Zeiten: ....
- Zeit für mich: ....
- Morgenritual ■ Abendritual

MEINE ABSICHT

....

....

....

....

....

WAS BEDEUTET ES FÜR DICH, WIRKLICH ZU VERTRAUEN?

....

....

....

....

....

GEISTESBLITZE

....

....

....

SONNTAG:

- Schlafqualität:................................
- Powerhandlung:................................
- Deep-Flow-Zeiten:...........................
- Zeit für mich:..................................
- Morgenritual   ■ Abendritual

SAMSTAG:

- Schlafqualität:................................
- Powerhandlung:.............................
- Deep-Flow-Zeiten:...........................
- Zeit für mich:..................................
- Morgenritual   ■ Abendritual

FREITAG:

- Schlafqualität:................................
- Powerhandlung:.............................
- Deep-Flow-Zeiten:...........................
- Zeit für mich:..................................
- Morgenritual   ■ Abendritual

Die Chance des Neustarts

Heute, immer wieder heute, ist deine Chance, frisch zu starten.

Gestern war ein Scheißtag? Na und?!

Du hast dich wieder einmal verrannt? Richte dich nicht. Vergib dir. Beginne neu.

Impuls

Heute, jetzt gerade, will das gesamte Universum von dir wissen, was du wirklich-wirklich willst. Du musst dafür nicht so tun, als wenn du unerschütterlich stark wärest. Sei echt und sei klar. Und wenn es ein Atemzug ist, den du heute tust, ein Gebet, das du in Stille sprichst, oder ein Schritt, den du den Werten widmest, die für dich ein gutes Leben ausmachen. Am Ende machen diese leisen, jedoch kontinuierlichen Impulse den Unterschied.

Und weil du wieder Fehler machen, einschlafen, zögern oder gegen die Wand rennen wirst, gewährt dir das Leben ganz besondere Momente, in denen du innehalten, tief durchatmen und korrigieren kannst.

Diese Augenblicke sind immer JETZT.

JETZT ist ein magischer Ort in unserem Bewusstsein. Alles, was du je bewusst von deinem Leben erfahren wirst, findet JETZT statt. Nicht in deinen Grübeleien oder deinem Grollen über das Gestern. Nicht in deinen Träumen oder Sorgen über das Morgen. Immer JETZT.

Bis du jetzt gerade voll hier? Sonst verpasst du nämlich den Sinn dieser Worte.

JETZT ist der einzige Ort, an dem du wach und intensiv leben kannst. Die Begrenzungen deiner Vergangenheit haben hier keinen Zutritt.

JETZT ist ein Land jenseits von Zeit und Raum, in dem du immer wieder neu beginnen kannst. Egal, wie verkorkst dein Leben bis hierher war, du kannst immer wieder ins JETZT kommen und neu wählen.

JETZT ist GUT.

MEINE RÜCKSCHAU FÜR DIE LETZTEN 14 TAGE

Ich habe Sprintziel 1 erreicht: Ja   Nein

Ich habe Sprintziel 2 erreicht: Ja   Nein

Ich habe Sprintziel 3 erreicht: Ja   Nein

DAS LIEF IN DIESEM SPRINT SEHR GUT:

....

....

....

DAS WILL ICH IM NÄCHSTEN SPRINT VERBESSERN:

....

....

....

MEINE WERTVOLLSTEN ERKENNTNISSE:

....

....

....

ICH BIN DANKBAR FÜR:

....

....

....

DEIN SPRINT

FÜHLE DEIN POWERZIEL!

Lege deine Lieblingsmusik auf, die dir Kraft spendet und zum Träumen einlädt. Blättere auf Seite 8 und tauche voll in dein Ziel ein, so als wäre es bereits verwirklicht.

Was oder wer könnte dich in den kommenden 14 Tagen auf deinem Weg zu diesem Ziel wirksam stärken, inspirieren, unterstützen?

....

....

SPRINTZIEL 1

Das werde ich in diesem Sprint für mein Powerziel umsetzen:

....

....

....

SPRINTZIEL 2

Das werde ich in diesem Sprint für meine Gesamtvision umsetzen:

....

....

....

SPRINTZIEL 3

Das werde ich in diesem Sprint für meine pure Freude umsetzen:

....

....

....

SPRINTCHECK

- Ich kann meine Sprintziele in diesem Zeitraum realistisch umsetzen.
- Meine Sprintziele fordern mich ausreichend heraus.
- Meine Sprintziele unterstützen mein Powerziel, meine Gesamtvision und meine Freude.

NOTIZEN

MONTAG:

- Schlafqualität: ....
- Powerhandlung: ....
- Deep-Flow-Zeiten: ....
- Zeit für mich: ....
- Morgenritual   Abendritual

MEINE ABSICHT

....

....

....

....

....

DIENSTAG:

- Schlafqualität: ....
- Powerhandlung: ....
- Deep-Flow-Zeiten: ....
- Zeit für mich: ....
- Morgenritual   Abendritual

MITTWOCH:

- Schlafqualität: ....
- Powerhandlung: ....
- Deep-Flow-Zeiten: ....
- Zeit für mich: ....
- Morgenritual   Abendritual

DONNERSTAG:

- Schlafqualität: ....
- Powerhandlung: ....
- Deep-Flow-Zeiten: ....
- Zeit für mich: ....
- Morgenritual   Abendritual

GIBT ES IN DEINEM
LEBEN ROTE LINIEN?
UND RESPEKTIERST DU
DICH SO SEHR, DASS DU
FÜR KONSEQUENZEN
BEREIT BIST, SOLLTEN SIE
ÜBERSCHRITTEN WERDEN?

....

....

....

....

GEISTESBLITZE

....

....

....

SONNTAG:

- Schlafqualität:................................
- Powerhandlung:............................
- Deep-Flow-Zeiten:........................
- Zeit für mich:................................
- Morgenritual   ■ Abendritual

SAMSTAG:

- Schlafqualität:................................
- Powerhandlung:............................
- Deep-Flow-Zeiten:........................
- Zeit für mich:................................
- Morgenritual   ■ Abendritual

FREITAG:

- Schlafqualität:................................
- Powerhandlung:............................
- Deep-Flow-Zeiten:........................
- Zeit für mich:................................
- Morgenritual   ■ Abendritual

MONTAG:

- Schlafqualität: ....
- Powerhandlung: ....
- Deep-Flow-Zeiten: ....
- Zeit für mich: ....
- Morgenritual ■ Abendritual

MEINE ABSICHT

....

....

....

....

....

DIENSTAG:

- Schlafqualität: ....
- Powerhandlung: ....
- Deep-Flow-Zeiten: ....
- Zeit für mich: ....
- Morgenritual ■ Abendritual

MITTWOCH:

- Schlafqualität: ....
- Powerhandlung: ....
- Deep-Flow-Zeiten: ....
- Zeit für mich: ....
- Morgenritual ■ Abendritual

DONNERSTAG:

- Schlafqualität: ....
- Powerhandlung: ....
- Deep-Flow-Zeiten: ....
- Zeit für mich: ....
- Morgenritual ■ Abendritual

WAS FÜR EINE ROLLE HAST DU IM SPIEL DES LEBENS? ZUSCHAUER*IN, MITSPIELER*IN, LEADER*IN? UND IST ES VIELLEICHT ZEIT, DIE ROLLE ZU WECHSELN?

....

....

....

....

GEISTESBLITZE

....

....

....

SONNTAG:

- Schlafqualität:.................................
- Powerhandlung:.............................
- Deep-Flow-Zeiten:..........................
- Zeit für mich:.................................
- Morgenritual   Abendritual

SAMSTAG:

- Schlafqualität:.................................
- Powerhandlung:.............................
- Deep-Flow-Zeiten:..........................
- Zeit für mich:.................................
- Morgenritual   Abendritual

FREITAG:

- Schlafqualität:.................................
- Powerhandlung:.............................
- Deep-Flow-Zeiten:..........................
- Zeit für mich:.................................
- Morgenritual   Abendritual

Das alltägliche Wunder

Wie geht es dir gerade? Weißt du, dass heute dein Tag ist? Spürst du, dass du ein gesegneter Glückspilz bist? Oder bist du unzufrieden? Haderst du gerade mit bestimmten Umständen oder Situationen? Wenn du denkst, dein Leben – jetzt gerade – sei hart, womit vergleichst du es dann? Woran richtest du deine Messlatte aus? Dein Leben ist eine einzige Aneinanderreihung von Erfolgen und Wundern. Millionen von kleinen und großen, einfachen und hoch komplexen Abläufen funktionieren an jedem Tag deines Lebens korrekt und zuverlässig: Du wachst morgens auf und bist von einem perfekt auf dich abgestimmten Gasgemisch umgeben. Du musst dich nicht bewusst entscheiden, zu atmen, es geschieht von ganz allein.

Impuls

*Wenn du am heutigen Tag noch kein Wunder
erfahren hast, schläfst du.*

Dein Körper ist ein Wunder, dessen Zusammenspiel keine Wissenschaft umfassend erklären kann. Er besteht aus rund 75 Billionen Zellen. Aneinandergereiht reichen sie 4 Millionen Kilometer weit – oder hundertmal um die Erde. Nehmen wir nur den *einen* Sexakt deiner Eltern, bei dem du gezeugt wurdest. Dein Vater hat damals 100 bis 200 Millionen Spermien auf die Reise geschickt und deines hat den Wettlauf gewonnen. Der 1. Platz von 100 Millionen Teilnehmern! Deine Zeugung hatte also eine Wahrscheinlichkeit von 1:100 000 000. Das ist unwahrscheinlicher als ein Sechser im Lotto – mit Zusatzzahl![*]

Es ist sogar noch viel eindrucksvoller. Deine Eltern hätten nicht den für dich alles entscheidenden Sex haben können, wenn *ihre* Spermien damals nicht auch das Rennen gemacht hätten. Ebenso deren Eltern, deine Großeltern, deine Urgroßeltern usw. Wenn du mathematisch veranlagt bist, kannst du dich kurz mit der absurd hohen Unwahrscheinlichkeit deiner Zeugung in einen Rauschzustand versetzen.

Es ist alles eine Frage der Perspektive. Du kannst jeden Morgen aufstehen und dich wie das letzte A... oder wie das größte Glückskind fühlen.

[*] Bezeichne dich doch, wenn du Lust hast, selbst einmal als evolutionären Sechser mit Zusatzzahl und spüre, was das mit dir macht.

MEINE RÜCKSCHAU FÜR DIE LETZTEN 14 TAGE

Ich habe Sprintziel 1 erreicht: Ja   Nein

Ich habe Sprintziel 2 erreicht: Ja   Nein

Ich habe Sprintziel 3 erreicht: Ja   Nein

DAS LIEF IN DIESEM SPRINT SEHR GUT:

....

....

....

....

DAS WILL ICH IM NÄCHSTEN SPRINT VERBESSERN:

....

....

....

....

MEINE WERTVOLLSTEN ERKENNTNISSE:

....

....

....

....

ICH BIN DANKBAR FÜR:

....

....

....

....

DEIN SPRINT

FÜHLE DEIN POWERZIEL!

Lege deine Lieblingsmusik auf, die dir Kraft spendet und zum Träumen einlädt. Blättere auf Seite 8 und tauche voll in dein Ziel ein, so als wäre es bereits verwirklicht.

Was oder wer könnte dich in den kommenden 14 Tagen auf deinem Weg zu diesem Ziel wirksam stärken, inspirieren, unterstützen?

....

....

SPRINTZIEL 1

Das werde ich in diesem Sprint für mein Powerziel umsetzen:

....

....

....

SPRINTZIEL 2

Das werde ich in diesem Sprint für meine Gesamt-vision umsetzen:

....

....

....

SPRINTZIEL 3

Das werde ich in diesem Sprint für meine pure Freude umsetzen:

....

....

....

SPRINTCHECK

- ◼ Ich kann meine Sprintziele in diesem Zeitraum realistisch umsetzen.
- ◼ Meine Sprintziele fordern mich ausreichend heraus.
- ◼ Meine Sprintziele unterstützen mein Powerziel, meine Gesamtvision und meine Freude.

NOTIZEN

MONTAG:

- Schlafqualität: ....
- Powerhandlung: ....
- Deep-Flow-Zeiten: ....
- Zeit für mich: ....
- Morgenritual ■ Abendritual

MEINE ABSICHT

....

....

....

....

....

DIENSTAG:

- Schlafqualität: ....
- Powerhandlung: ....
- Deep-Flow-Zeiten: ....
- Zeit für mich: ....
- Morgenritual ■ Abendritual

MITTWOCH:

- Schlafqualität: ....
- Powerhandlung: ....
- Deep-Flow-Zeiten: ....
- Zeit für mich: ....
- Morgenritual ■ Abendritual

DONNERSTAG:

- Schlafqualität: ....
- Powerhandlung: ....
- Deep-Flow-Zeiten: ....
- Zeit für mich: ....
- Morgenritual ■ Abendritual

DU DENKST, DU WEISST, WAS DU KANNST UND WAS DU DARFST? DENKE NOCH MAL. DENKE GRÖSSER. DENKE FRECHER. DENKE FREIER. DAS HEUTE IST NUR DER ANFANG.

....

....

....

....

GEISTESBLITZE

....

....

....

SONNTAG:

- Schlafqualität:...............................
- Powerhandlung:............................
- Deep-Flow-Zeiten:........................
- Zeit für mich:...............................
- Morgenritual ■ Abendritual

SAMSTAG:

- Schlafqualität:...............................
- Powerhandlung:............................
- Deep-Flow-Zeiten:........................
- Zeit für mich:...............................
- Morgenritual ■ Abendritual

FREITAG:

- Schlafqualität:...............................
- Powerhandlung:............................
- Deep-Flow-Zeiten:........................
- Zeit für mich:...............................
- Morgenritual ■ Abendritual

MONTAG:

- Schlafqualität: ....
- Powerhandlung: ....
- Deep-Flow-Zeiten: ....
- Zeit für mich: ....
- Morgenritual   ■ Abendritual

MEINE ABSICHT

....

....

....

....

....

DIENSTAG:

- Schlafqualität: ....
- Powerhandlung: ....
- Deep-Flow-Zeiten: ....
- Zeit für mich: ....
- Morgenritual   ■ Abendritual

MITTWOCH:

- Schlafqualität: ....
- Powerhandlung: ....
- Deep-Flow-Zeiten: ....
- Zeit für mich: ....
- Morgenritual   ■ Abendritual

DONNERSTAG:

- Schlafqualität: ....
- Powerhandlung: ....
- Deep-Flow-Zeiten: ....
- Zeit für mich: ....
- Morgenritual   ■ Abendritual

BIST DU BEREIT, DASS
HEUTE EIN WUNDER FÜR
DICH PASSIERT? SPRICH ES
LAUT AUS: »ICH BIN HEUTE
BEREIT FÜR ...«

....

....

....

....

GEISTESBLITZE

....

....

....

SONNTAG:

- ▨ Schlafqualität:...............................
- ▨ Powerhandlung:.............................
- ▨ Deep-Flow-Zeiten:.........................
- ▨ Zeit für mich:................................
- ▨ Morgenritual   ▨ Abendritual

SAMSTAG:

- ▨ Schlafqualität:...............................
- ▨ Powerhandlung:.............................
- ▨ Deep-Flow-Zeiten:.........................
- ▨ Zeit für mich:................................
- ▨ Morgenritual   ▨ Abendritual

FREITAG:

- ▨ Schlafqualität:...............................
- ▨ Powerhandlung:.............................
- ▨ Deep-Flow-Zeiten:.........................
- ▨ Zeit für mich:................................
- ▨ Morgenritual   ▨ Abendritual

Bist du ein Leuchtturm der Inspiration?

Wie attraktiv bist du für wahrhaft lebendige Beziehungen – privat und beruflich? Das Wort »attraktiv« kommt nicht von »schön«, sondern von »anziehend«. Anziehend sind wir, wenn wir vor Leben vibrieren und für andere Menschen eine Quelle der Inspiration sind.

Bist du ein Mensch, mit dem du gern dein Leben verbringen würdest? Erregt deine Anwesenheit im positiven Sinne die Neuronen deiner Mitmenschen? Zum Beispiel, weil sie sich sicher und gesehen fühlen. Oder weil du voller Überraschungen steckst, Lust und Lachen verschenkst. Bist du ein Feld, in dem andere sich entwickeln und erblühen können?

Falls du nicht oder nur zögerlich zustimmen konntest, ist das nicht schlimm. Denn du kannst jederzeit neu wählen. Es beginnt damit, dich auf eine gesunde Weise wichtig zu nehmen. Ob du willst oder nicht, du hast zu jedem Wesen auf diesem Planeten eine Beziehung, und die Qualität dieser Beziehung beeinflusst maßgeblich, ob sich euer Potenzial entfaltet oder ob es eingeht wie eine Blume in der Wüste.

Lebendige, liebevolle Beziehungen sind dein Geburtsrecht. Deine Beziehungen sind ein Geschenk des Lebens an dich. Sie sind die Möglichkeit, herauszufinden, wozu du fähig bist. Das Leben hat das Medium Beziehung erschaffen, damit wir uns die Hand reichen können. Wir können uns schwächen, verletzen, sogar zerstören. Doch wir können uns auch gemeinsam erheben.

Menschen sind nicht perfekt. Aber du kannst ihre natürliche Vollkommenheit entdecken, wenn du dich wirklich auf sie einlässt. Sie werden dir ihre Schätze anvertrauen.

Sie werden dich wieder und wieder staunen lassen. Sie werden dich heilen, inspirieren und lieben. Wenn du dich wirklich auf sie einlässt.

Werde zu einem Leuchtturm der Inspiration für andere.

Du erschaffst mich. Ich erschaffe dich. Wir erschaffen uns.

MEINE RÜCKSCHAU FÜR DIE LETZTEN 14 TAGE

Ich habe Sprintziel 1 erreicht: Ja ▢   Nein ▢

Ich habe Sprintziel 2 erreicht: Ja ▢   Nein ▢

Ich habe Sprintziel 3 erreicht: Ja ▢   Nein ▢

DAS LIEF IN DIESEM SPRINT SEHR GUT:

....

....

....

....

DAS WILL ICH IM NÄCHSTEN SPRINT VERBESSERN:

....

....

....

....

MEINE WERTVOLLSTEN ERKENNTNISSE:

....

....

....

....

ICH BIN DANKBAR FÜR:

....

....

....

....

DEIN SPRINT

FÜHLE DEIN POWERZIEL!

Lege deine Lieblingsmusik auf, die dir Kraft spendet und zum Träumen einlädt. Blättere auf Seite 8 und tauche voll in dein Ziel ein, so als wäre es bereits verwirklicht.

Was oder wer könnte dich in den kommenden 14 Tagen auf deinem Weg zu diesem Ziel wirksam stärken, inspirieren, unterstützen?

....

....

SPRINTZIEL 1

Das werde ich in diesem Sprint für mein Powerziel umsetzen:

....

....

....

SPRINTZIEL 2

Das werde ich in diesem Sprint für meine Gesamtvision umsetzen:

....

....

....

SPRINTZIEL 3

Das werde ich in diesem Sprint für meine pure Freude umsetzen:

....

....

....

SPRINTCHECK

- ■ Ich kann meine Sprintziele in diesem Zeitraum realistisch umsetzen.
- ■ Meine Sprintziele fordern mich ausreichend heraus.
- ■ Meine Sprintziele unterstützen mein Powerziel, meine Gesamtvision und meine Freude.

162

NOTIZEN

MONTAG:

▪ Schlafqualität:...............................

▪ Powerhandlung:...........................

▪ Deep-Flow-Zeiten:........................

▪ Zeit für mich:..............................

▪ Morgenritual ▪ Abendritual

DIENSTAG:

▪ Schlafqualität:...............................

▪ Powerhandlung:...........................

▪ Deep-Flow-Zeiten:........................

▪ Zeit für mich:..............................

▪ Morgenritual ▪ Abendritual

MITTWOCH:

▪ Schlafqualität:...............................

▪ Powerhandlung:...........................

▪ Deep-Flow-Zeiten:........................

▪ Zeit für mich:..............................

▪ Morgenritual ▪ Abendritual

DONNERSTAG:

▪ Schlafqualität:...............................

▪ Powerhandlung:...........................

▪ Deep-Flow-Zeiten:........................

▪ Zeit für mich:..............................

▪ Morgenritual ▪ Abendritual

MEINE ABSICHT

....

....

....

....

....

DEINE SEELE SUCHT NICHT
NACH DEN SICHEREN
STRASSEN. SIE SEHNT SICH
NACH DEM PFAD, DEN NUR
DU BETRETEN KANNST.
BESITZT DU DEN MUT,
IHREM RUF ZU FOLGEN?

....

....

....

....

GEISTESBLITZE

....

....

....

SONNTAG:
- Schlafqualität:...............................
- Powerhandlung:...............................
- Deep-Flow-Zeiten:...........................
- Zeit für mich:...............................
- Morgenritual   ▪ Abendritual

SAMSTAG:
- Schlafqualität:...............................
- Powerhandlung:...............................
- Deep-Flow-Zeiten:...........................
- Zeit für mich:...............................
- Morgenritual   ▪ Abendritual

FREITAG:
- Schlafqualität:...............................
- Powerhandlung:...............................
- Deep-Flow-Zeiten:...........................
- Zeit für mich:...............................
- Morgenritual   ▪ Abendritual

MONTAG:

- Schlafqualität: ....
- Powerhandlung: ....
- Deep-Flow-Zeiten: ....
- Zeit für mich: ....
- Morgenritual ■ Abendritual

DIENSTAG:

- Schlafqualität: ....
- Powerhandlung: ....
- Deep-Flow-Zeiten: ....
- Zeit für mich: ....
- Morgenritual ■ Abendritual

MITTWOCH:

- Schlafqualität: ....
- Powerhandlung: ....
- Deep-Flow-Zeiten: ....
- Zeit für mich: ....
- Morgenritual ■ Abendritual

DONNERSTAG:

- Schlafqualität: ....
- Powerhandlung: ....
- Deep-Flow-Zeiten: ....
- Zeit für mich: ....
- Morgenritual ■ Abendritual

MEINE ABSICHT

....

....

....

....

....

WIE SOLL MAN SICH AN DICH ERINNERN?

....

....

....

....

....

GEISTESBLITZE

....

....

....

SONNTAG:

- ▦ Schlafqualität:.................................
- ▦ Powerhandlung:...............................
- ▦ Deep-Flow-Zeiten:...........................
- ▦ Zeit für mich:.................................
- ▦ Morgenritual   ▦ Abendritual

SAMSTAG:

- ▦ Schlafqualität:.................................
- ▦ Powerhandlung:...............................
- ▦ Deep-Flow-Zeiten:...........................
- ▦ Zeit für mich:.................................
- ▦ Morgenritual   ▦ Abendritual

FREITAG:

- ▦ Schlafqualität:.................................
- ▦ Powerhandlung:...............................
- ▦ Deep-Flow-Zeiten:...........................
- ▦ Zeit für mich:.................................
- ▦ Morgenritual   ▦ Abendritual

Hör auf zu warten

Ich beobachte viele Menschen in einer Art Wartezustand. Sie warten auf den »richtigen« Menschen, um sich zu verschenken. Sie warten auf eine Vision, um genau zu wissen, was sie tun sollen. Sie warten auf Liebe, auf Eingebung, auf Klarheit, auf Sicherheit ...

Was für eine Verschwendung an kostbarer Möglichkeit.

Was, wenn dieser eine besondere Moment nie kommt? Was, wenn dieser Moment jetzt besonders wird, indem du dich voll auf ihn einlässt?

Das Leben nutzt die, die sich zur Verfügung stellen. Es füllt die Gefäße, die sich öffnen. Es liebt die, die lieben. Diejenigen, die nicht warten, holen sich zwar blutige Knie, begehen peinliche Fehler, werden manchmal ausgelacht, stehen hin und wieder einsam im Sturm ... Doch sie leben.

Hör auf zu warten. Bejahe dein Leben und die damit verbundenen Möglichkeiten und Abenteuer. Lass dir von anderen Menschen nicht vorschreiben, wo du entlangzugehen hast, womit du dich zufriedenzugeben hast oder was ein unrealistischer Traum ist.

Folge deiner Sehnsucht. Sie ist heilig.

Folge ihr nicht blind, sondern wach.

Nimm alle Lektionen auf deinem Pfad mit neugierigem Geist und offenem Herzen an.

Lass dich gerben, vertiefen, verfeinern.

Lass das Unechte verbrennen.

Folge deiner Sehnsucht immer wieder hinaus ins offene Land.

Sei keiner von denen, die schon sterben, während sie noch leben.

Da ist noch mehr.

Du kannst noch mehr.

Du bist noch viel mehr.

Vertrau dir.

MEINE RÜCKSCHAU FÜR DIE LETZTEN 14 TAGE

Ich habe Sprintziel 1 erreicht: Ja ☐   Nein ☐

Ich habe Sprintziel 2 erreicht: Ja ☐   Nein ☐

Ich habe Sprintziel 3 erreicht: Ja ☐   Nein ☐

DAS LIEF IN DIESEM SPRINT SEHR GUT:

....

....

....

....

DAS WILL ICH IM NÄCHSTEN SPRINT VERBESSERN:

....

....

....

....

MEINE WERTVOLLSTEN ERKENNTNISSE:

....

....

....

....

ICH BIN DANKBAR FÜR:

....

....

....

....

DEIN SPRINT

FÜHLE DEIN POWERZIEL!

Lege deine Lieblingsmusik auf, die dir Kraft spendet und zum Träumen einlädt. Blättere auf Seite 8 und tauche voll in dein Ziel ein, so als wäre es bereits verwirklicht.

Was oder wer könnte dich in den kommenden 14 Tagen auf deinem Weg zu diesem Ziel wirksam stärken, inspirieren, unterstützen?

....

....

SPRINTZIEL 1

Das werde ich in diesem Sprint für mein Powerziel umsetzen:

....

....

....

SPRINTZIEL 2

Das werde ich in diesem Sprint für meine Gesamtvision umsetzen:

....

....

....

SPRINTZIEL 3

Das werde ich in diesem Sprint für meine pure Freude umsetzen:

....

....

....

SPRINTCHECK

- ◼ Ich kann meine Sprintziele in diesem Zeitraum realistisch umsetzen.
- ◼ Meine Sprintziele fordern mich ausreichend heraus.
- ◼ Meine Sprintziele unterstützen mein Powerziel, meine Gesamtvision und meine Freude.

NOTIZEN

MONTAG:

- Schlafqualität: ....
- Powerhandlung: ....
- Deep-Flow-Zeiten: ....
- Zeit für mich: ....
- Morgenritual ▪ Abendritual

MEINE ABSICHT

....

....

....

....

....

DIENSTAG:

- Schlafqualität: ....
- Powerhandlung: ....
- Deep-Flow-Zeiten: ....
- Zeit für mich: ....
- Morgenritual ▪ Abendritual

MITTWOCH:

- Schlafqualität: ....
- Powerhandlung: ....
- Deep-Flow-Zeiten: ....
- Zeit für mich: ....
- Morgenritual ▪ Abendritual

DONNERSTAG:

- Schlafqualität: ....
- Powerhandlung: ....
- Deep-Flow-Zeiten: ....
- Zeit für mich: ....
- Morgenritual ▪ Abendritual

BIST DU BEREIT, HEUTE MIT DEM LEBEN ZU TANZEN?

....

....

....

....

....

....

GEISTESBLITZE

....

....

....

SONNTAG:

- Schlafqualität:..............................
- Powerhandlung:..............................
- Deep-Flow-Zeiten:..............................
- Zeit für mich:..............................
- Morgenritual   ▪ Abendritual

SAMSTAG:

- Schlafqualität:..............................
- Powerhandlung:..............................
- Deep-Flow-Zeiten:..............................
- Zeit für mich:..............................
- Morgenritual   ▪ Abendritual

FREITAG:

- Schlafqualität:..............................
- Powerhandlung:..............................
- Deep-Flow-Zeiten:..............................
- Zeit für mich:..............................
- Morgenritual   ▪ Abendritual

MONTAG:

- Schlafqualität:................................
- Powerhandlung:............................
- Deep-Flow-Zeiten:.........................
- Zeit für mich:................................
- ☐ Morgenritual   ☐ Abendritual

MEINE ABSICHT

....

....

....

....

....

DIENSTAG:

- Schlafqualität:................................
- Powerhandlung:............................
- Deep-Flow-Zeiten:.........................
- Zeit für mich:................................
- ☐ Morgenritual   ☐ Abendritual

MITTWOCH:

- Schlafqualität:................................
- Powerhandlung:............................
- Deep-Flow-Zeiten:.........................
- Zeit für mich:................................
- ☐ Morgenritual   ☐ Abendritual

DONNERSTAG:

- Schlafqualität:................................
- Powerhandlung:............................
- Deep-Flow-Zeiten:.........................
- Zeit für mich:................................
- ☐ Morgenritual   ☐ Abendritual

GEISTESBLITZE

SONNTAG:

- Schlafqualität:..................................
- Powerhandlung:..................................
- Deep-Flow-Zeiten:..............................
- Zeit für mich:....................................
- Morgenritual   - Abendritual

SAMSTAG:

- Schlafqualität:..................................
- Powerhandlung:..................................
- Deep-Flow-Zeiten:..............................
- Zeit für mich:....................................
- Morgenritual   - Abendritual

FREITAG:

- Schlafqualität:..................................
- Powerhandlung:..................................
- Deep-Flow-Zeiten:..............................
- Zeit für mich:....................................
- Morgenritual   - Abendritual

Gedanken werden Dinge

Wer diesen Spruch immer noch nur für eine esoterische Floskel hält, hat seine eigene schöpferische Macht noch nicht verstanden. Ob wir wollen oder nicht – jeder Gedanke wirkt wie ein entzündender Funke.

Jeder Gedanke ...

... färbt unsere Sicht auf die Welt.

... entscheidet darüber, was wir wahrnehmen und was wir ausblenden.

... legt die Grenze zwischen möglich und unmöglich fest.

Impuls

... beeinflusst unsere Biochemie und unser Immunsystem.

... dirigiert unsere Haltung und Ausstrahlung.

... wirkt so auf unsere Emotionen und Entscheidungen ein.

... initiiert mutige Handlungen oder errichtet ängstliche Blockaden.

... lenkt unsere Beziehungswahlen und prägt die Qualität unserer Kommunikationen.

Unsere Gedanken erschaffen die Ergebnisse in unserem Leben, vor denen wir dann erstaunt stehen und uns eventuell als Opfer der Geschehnisse begreifen, weil wir den Gesamtzusammenhang aus den Augen verloren haben. Alles begann – irgendwann – mit einem Gedanken.

In fünfzig Jahren wird es die Menschheit entweder so nicht mehr geben oder wir werden ein Paradies errichtet haben. Als eine Co-Creation vieler bewusster, liebender Schöpfergeister. Wir werden in unseren freien Schulen selbstverständlich neue Fächer unterrichten. Zum Beispiel Werte und Integrität, Schöpfung und Kreativität, lebendige Beziehungen, Mitgefühl und Meditation. Wir werden unsere feinen Geister nicht mehr in sinnlosen Gesprächen oder Social-Media-Loops parken. Jede Begegnung – ob mit einem guten Freund oder einer Fremden – wird von den freudvollen Fragen getragen sein: Was wollen wir durch unseren Dialog erschaffen? Welchen Mythos wollen wir wahr werden lassen?

Klingt das utopisch für dich? So fängt es immer an. Nichts ist so machtvoll wie eine einzige Idee, der du deine Macht verleihst, indem du wählst, an sie zu glauben.

MEINE RÜCKSCHAU FÜR DIE LETZTEN 14 TAGE

Ich habe Sprintziel 1 erreicht: Ja ☐   Nein ☐

Ich habe Sprintziel 2 erreicht: Ja ☐   Nein ☐

Ich habe Sprintziel 3 erreicht: Ja ☐   Nein ☐

DAS LIEF IN DIESEM SPRINT SEHR GUT:

....

....

....

....

DAS WILL ICH IM NÄCHSTEN SPRINT VERBESSERN:

....

....

....

....

MEINE WERTVOLLSTEN ERKENNTNISSE:

....

....

....

....

ICH BIN DANKBAR FÜR:

....

....

....

....

DEIN SPRINT

FÜHLE DEIN POWERZIEL!

Lege deine Lieblingsmusik auf, die dir Kraft spendet und zum Träumen einlädt. Blättere auf Seite 8 und tauche voll in dein Ziel ein, so als wäre es bereits verwirklicht.

Was oder wer könnte dich in den kommenden 14 Tagen auf deinem Weg zu diesem Ziel wirksam stärken, inspirieren, unterstützen?

....

....

SPRINTZIEL 1

Das werde ich in diesem Sprint für mein Powerziel umsetzen:

....

....

....

SPRINTZIEL 2

Das werde ich in diesem Sprint für meine Gesamtvision umsetzen:

....

....

....

SPRINTZIEL 3

Das werde ich in diesem Sprint für meine pure Freude umsetzen:

....

....

....

SPRINTCHECK

- Ich kann meine Sprintziele in diesem Zeitraum realistisch umsetzen.
- Meine Sprintziele fordern mich ausreichend heraus.
- Meine Sprintziele unterstützen mein Powerziel, meine Gesamtvision und meine Freude.

NOTIZEN

MONTAG:

- Schlafqualität: ....
- Powerhandlung: ....
- Deep-Flow-Zeiten: ....
- Zeit für mich: ....
- Morgenritual ■ Abendritual

DIENSTAG:

- Schlafqualität: ....
- Powerhandlung: ....
- Deep-Flow-Zeiten: ....
- Zeit für mich: ....
- Morgenritual ■ Abendritual

MITTWOCH:

- Schlafqualität: ....
- Powerhandlung: ....
- Deep-Flow-Zeiten: ....
- Zeit für mich: ....
- Morgenritual ■ Abendritual

DONNERSTAG:

- Schlafqualität: ....
- Powerhandlung: ....
- Deep-Flow-Zeiten: ....
- Zeit für mich: ....
- Morgenritual ■ Abendritual

MEINE ABSICHT

....
....
....
....
....

WENN DU NICHT LIEBENSWERT UND GROSS VON DIR DENKST, WER SOLL ES DANN TUN?

....

....

....

....

....

....

GEISTESBLITZE

....

....

....

SONNTAG:

- ■ Schlafqualität:..............................
- ■ Powerhandlung:..............................
- ■ Deep-Flow-Zeiten:..........................
- ■ Zeit für mich:...............................
- ■ Morgenritual   ■ Abendritual

SAMSTAG:

- ■ Schlafqualität:..............................
- ■ Powerhandlung:..............................
- ■ Deep-Flow-Zeiten:..........................
- ■ Zeit für mich:...............................
- ■ Morgenritual   ■ Abendritual

FREITAG:

- ■ Schlafqualität:..............................
- ■ Powerhandlung:..............................
- ■ Deep-Flow-Zeiten:..........................
- ■ Zeit für mich:...............................
- ■ Morgenritual   ■ Abendritual

181

MONTAG:

- ◼ Schlafqualität: ....
- ◼ Powerhandlung: ....
- ◼ Deep-Flow-Zeiten: ....
- ◼ Zeit für mich: ....
- ◼ Morgenritual ◼ Abendritual

DIENSTAG:

- ◼ Schlafqualität: ....
- ◼ Powerhandlung: ....
- ◼ Deep-Flow-Zeiten: ....
- ◼ Zeit für mich: ....
- ◼ Morgenritual ◼ Abendritual

MITTWOCH:

- ◼ Schlafqualität: ....
- ◼ Powerhandlung: ....
- ◼ Deep-Flow-Zeiten: ....
- ◼ Zeit für mich: ....
- ◼ Morgenritual ◼ Abendritual

DONNERSTAG:

- ◼ Schlafqualität: ....
- ◼ Powerhandlung: ....
- ◼ Deep-Flow-Zeiten: ....
- ◼ Zeit für mich: ....
- ◼ Morgenritual ◼ Abendritual

MEINE ABSICHT

....

....

....

....

....

GESTATTEST DU DIR, AKTIV AUF MENSCHEN ZUZUGEHEN, DIE DICH INTERESSIEREN? WARUM NICHT HEUTE?

....

....

....

....

....

GEISTESBLITZE

....

....

....

SONNTAG:

- Schlafqualität:................................
- Powerhandlung:...........................
- Deep-Flow-Zeiten:..........................
- Zeit für mich:................................
- Morgenritual   ▨ Abendritual

SAMSTAG:

- Schlafqualität:................................
- Powerhandlung:...........................
- Deep-Flow-Zeiten:..........................
- Zeit für mich:................................
- Morgenritual   ▨ Abendritual

FREITAG:

- Schlafqualität:................................
- Powerhandlung:...........................
- Deep-Flow-Zeiten:..........................
- Zeit für mich:................................
- Morgenritual   ▨ Abendritual

Liebe und Freiheit

Vor Kurzem bin ich gefragt worden, ob und wie sich Liebe und Freiheit in Beziehungen bedingen. Sie bedingen sich nicht. Sie sind eins. So wie man das Licht eines offenen Feuers nicht von seiner Wärme trennen kann, lässt sich auch die Liebe nicht von der Freiheit trennen.

Freiheit bedeutet nicht, alles zu tun, was dein Ego will. Das ist nicht frei, das ist Kindergarten. Freiheit bedeutet, dir zu gestatten, alles zu denken und zu fühlen, und dann aus der Liebe und dem Bewusstsein um deine Werte heraus die würdevollste Wahl zu treffen.

Freiheit bedeutet auch nicht, deinem Gegenüber zu gestatten, alles zu tun. Freiheit bedeutet, ihm zu gestatten, alles zu sein. Das ist ein großer Unterschied. Erst wenn der Mensch neben dir alles denken und fühlen kann, was in ihm ankommt, hat er die Freiheit, sich aus Liebe für dich zu entscheiden.

Deine Freiheit beinhaltet auch dein Recht, deinem Gegenüber eine klare Grenze zu setzen und es aus deiner Realität zu entlassen, wenn es andere Werte als Fundament für sein Leben wählt.

Du ahnst es sicher schon – Freiheit ist nicht bequem.

Freiheit klopft nicht an. Sie stürmt ungefragt mitten in deine Komfortzone. Meist dann, wenn es dir gerade gar nicht in den Kram passt. Sie ist nicht daran interessiert, dein kleines Ich zu pudern und zu parfümieren. Sie will es sterben lassen. Immer wieder. Schicht für Schicht. Um zu dem Wesen vorzudringen, das du wirklich bist.

Dieser Weg ist in seiner Unerträglichkeit nur deshalb erträglich und auch wunderschön, weil dich jedes Mal, wenn dich die Freiheit aus dem alten Nest kickt, die Liebe wieder auffangen wird. Sie ist das einzige und wahre Sicherheitsnetz der liebenden Freigeister.

MEINE RÜCKSCHAU FÜR DIE LETZTEN 14 TAGE

Ich habe Sprintziel 1 erreicht: Ja   Nein

Ich habe Sprintziel 2 erreicht: Ja   Nein

Ich habe Sprintziel 3 erreicht: Ja   Nein

DAS LIEF IN DIESEM SPRINT SEHR GUT:

....

....

....

....

DAS WILL ICH IM NÄCHSTEN SPRINT VERBESSERN:

....

....

....

....

MEINE WERTVOLLSTEN ERKENNTNISSE:

....

....

....

....

ICH BIN DANKBAR FÜR:

....

....

....

....

DEIN SPRINT

FÜHLE DEIN POWERZIEL!

Lege deine Lieblingsmusik auf, die dir Kraft spendet und zum Träumen einlädt. Blättere auf Seite 8 und tauche voll in dein Ziel ein, so als wäre es bereits verwirklicht.

Was oder wer könnte dich in den kommenden 14 Tagen auf deinem Weg zu diesem Ziel wirksam stärken, inspirieren, unterstützen?

....

....

SPRINTZIEL 1

Das werde ich in diesem Sprint für mein Powerziel umsetzen:

....

....

....

SPRINTZIEL 2

Das werde ich in diesem Sprint für meine Gesamt-vision umsetzen:

....

....

....

SPRINTZIEL 3

Das werde ich in diesem Sprint für meine pure Freude umsetzen:

....

....

....

SPRINTCHECK

- Ich kann meine Sprintziele in diesem Zeitraum realistisch umsetzen.
- Meine Sprintziele fordern mich ausreichend heraus.
- Meine Sprintziele unterstützen mein Powerziel, meine Gesamtvision und meine Freude.

NOTIZEN

MONTAG:

- ▨ Schlafqualität: ....
- ▨ Powerhandlung: ....
- ▨ Deep-Flow-Zeiten: ....
- ▨ Zeit für mich: ....
- ▨ Morgenritual ▨ Abendritual

DIENSTAG:

- ▨ Schlafqualität: ....
- ▨ Powerhandlung: ....
- ▨ Deep-Flow-Zeiten: ....
- ▨ Zeit für mich: ....
- ▨ Morgenritual ▨ Abendritual

MITTWOCH:

- ▨ Schlafqualität: ....
- ▨ Powerhandlung: ....
- ▨ Deep-Flow-Zeiten: ....
- ▨ Zeit für mich: ....
- ▨ Morgenritual ▨ Abendritual

DONNERSTAG:

- ▨ Schlafqualität: ....
- ▨ Powerhandlung: ....
- ▨ Deep-Flow-Zeiten: ....
- ▨ Zeit für mich: ....
- ▨ Morgenritual ▨ Abendritual

MEINE ABSICHT

....

....

....

....

....

WENN DU MUTIG BIST,
FRAG DEINE BEZIEHUNGS-
PARTNER*INNEN, PRIVAT
UND BERUFLICH, DOCH
EINMAL: ERREGE ICH DEIN
GEHIRN AUF EINE ANGE-
NEHME WEISE?

GEISTESBLITZE

....

....

....

SONNTAG:

- Schlafqualität:...............................
- Powerhandlung:...............................
- Deep-Flow-Zeiten:...........................
- Zeit für mich:...............................
- Morgenritual ■ Abendritual

SAMSTAG:

- Schlafqualität:...............................
- Powerhandlung:...............................
- Deep-Flow-Zeiten:...........................
- Zeit für mich:...............................
- Morgenritual ■ Abendritual

FREITAG:

- Schlafqualität:...............................
- Powerhandlung:...............................
- Deep-Flow-Zeiten:...........................
- Zeit für mich:...............................
- Morgenritual ■ Abendritual

MONTAG:

- Schlafqualität: ....
- Powerhandlung: ....
- Deep-Flow-Zeiten: ....
- Zeit für mich: ....
- ☐ Morgenritual ☐ Abendritual

MEINE ABSICHT

....

....

....

....

....

DIENSTAG:

- Schlafqualität: ....
- Powerhandlung: ....
- Deep-Flow-Zeiten: ....
- Zeit für mich: ....
- ☐ Morgenritual ☐ Abendritual

MITTWOCH:

- Schlafqualität: ....
- Powerhandlung: ....
- Deep-Flow-Zeiten: ....
- Zeit für mich: ....
- ☐ Morgenritual ☐ Abendritual

DONNERSTAG:

- Schlafqualität: ....
- Powerhandlung: ....
- Deep-Flow-Zeiten: ....
- Zeit für mich: ....
- ☐ Morgenritual ☐ Abendritual

WIE VIEL ZEIT HAST DU GESTERN IN DEINE GEWÜNSCHTE ZUKUNFT INVESTIERT? ODER SOLL ALLES SO BLEIBEN, WIE ES WAR?

....

....

....

....

....

GEISTESBLITZE

....

....

....

SONNTAG:

- Schlafqualität:................................
- Powerhandlung:..............................
- Deep-Flow-Zeiten:.........................
- Zeit für mich:...............................
- Morgenritual   Abendritual

SAMSTAG:

- Schlafqualität:................................
- Powerhandlung:..............................
- Deep-Flow-Zeiten:.........................
- Zeit für mich:...............................
- Morgenritual   Abendritual

FREITAG:

- Schlafqualität:................................
- Powerhandlung:..............................
- Deep-Flow-Zeiten:.........................
- Zeit für mich:...............................
- Morgenritual   Abendritual

Hast du den Mut zu lieben?

Liebe ist kein Gefühl. Es ist eine Wahl.

Es ist die Wahl, die Tür zu deinem Herzen offen zu lassen, auch wenn dein Herz blutet. Es ist die Wahl, bewusst das Feuer der Nähe zu suchen. Auch zu Menschen, die deine alten Wunden berühren. Es ist die Wahl, einfach anzufangen, eine Brücke zu bauen, selbst wenn der Abgrund hoffnungslos tief erscheint. Es ist die Wahl, Schmerz zu umarmen, anstatt ihn in Wut und Empörung zu kanalisieren.

Es ist die Wahl, dein Denken zu dehnen, damit dein Geist Andersdenkende willkommen heißen kann. Es ist die Wahl, liebevoll klare Grenzen zu ziehen, anstatt aus Angst vor Disharmonie zu allem Ja zu sagen. Es ist die Wahl, einem fühlenden Herzen einen klaren, ruhigen Verstand an die Seite zu stellen.

Zu lieben ist die Wahl, dich für die größtmögliche Version von dir zu entscheiden. Es ist die Wahl, Vergebung als täglichen Lebensstil zu wählen und menschlichen Unvollkommenheiten mit Milde und Humor zu begegnen.

Liebe ist nichts für Weicheier. Denn wenn du sie rufst, wird sie kommen. Sie wird dich meilenweit aus deiner Komfortzone locken, dich in einen Narren verwandeln, dir immer und immer wieder zeigen, wie verletzbar und nichtwissend du bist. Sie wird zielsicher den Finger in deine älteste Wunde legen, dein Rechthaben kosten und immer dann, wenn du denkst, du hast alles gegeben, wird sie dir zeigen, dass du immer noch etwas zurückgehalten hast.

Warum solltest du dich darauf einlassen? Weil du erst dann, wenn du alles losgelassen hast, erkennen wirst, worin dein wahrer Reichtum besteht.

Das ist das Geschenk der Liebe.

Dafür lohnt es sich, nackt immer näher an das Feuer zu rücken, das du selbst angezündet hast, als du waghalsig nach der Liebe riefst.

MEINE RÜCKSCHAU FÜR DIE LETZTEN 14 TAGE

Ich habe Sprintziel 1 erreicht: Ja   Nein

Ich habe Sprintziel 2 erreicht: Ja   Nein

Ich habe Sprintziel 3 erreicht: Ja   Nein

DAS LIEF IN DIESEM SPRINT SEHR GUT:

....

....

....

DAS WILL ICH IM NÄCHSTEN SPRINT VERBESSERN:

....

....

....

MEINE WERTVOLLSTEN ERKENNTNISSE:

....

....

....

ICH BIN DANKBAR FÜR:

....

....

....

193

DEIN SPRINT

FÜHLE DEIN POWERZIEL!

Lege deine Lieblingsmusik auf, die dir Kraft spendet und zum Träumen einlädt. Blättere auf Seite 8 und tauche voll in dein Ziel ein, so als wäre es bereits verwirklicht.

Was oder wer könnte dich in den kommenden 14 Tagen auf deinem Weg zu diesem Ziel wirksam stärken, inspirieren, unterstützen?

....

....

SPRINTZIEL 1

Das werde ich in diesem Sprint für mein Powerziel umsetzen:

....

....

....

SPRINTZIEL 2

Das werde ich in diesem Sprint für meine Gesamtvision umsetzen:

....

....

....

SPRINTZIEL 3

Das werde ich in diesem Sprint für meine pure Freude umsetzen:

....

....

....

SPRINTCHECK

- ◾ Ich kann meine Sprintziele in diesem Zeitraum realistisch umsetzen.
- ◾ Meine Sprintziele fordern mich ausreichend heraus.
- ◾ Meine Sprintziele unterstützen mein Powerziel, meine Gesamtvision und meine Freude.

NOTIZEN

MONTAG:

▨ Schlafqualität: ....

▨ Powerhandlung: ....

▨ Deep-Flow-Zeiten: ....

▨ Zeit für mich: ....

▨ Morgenritual ▨ Abendritual

DIENSTAG:

▨ Schlafqualität: ....

▨ Powerhandlung: ....

▨ Deep-Flow-Zeiten: ....

▨ Zeit für mich: ....

▨ Morgenritual ▨ Abendritual

MITTWOCH:

▨ Schlafqualität: ....

▨ Powerhandlung: ....

▨ Deep-Flow-Zeiten: ....

▨ Zeit für mich: ....

▨ Morgenritual ▨ Abendritual

DONNERSTAG:

▨ Schlafqualität: ....

▨ Powerhandlung: ....

▨ Deep-Flow-Zeiten: ....

▨ Zeit für mich: ....

▨ Morgenritual ▨ Abendritual

MEINE ABSICHT

....

....

....

....

....

WAS IST GERADE DIE SPANNENDSTE FRAGE IN DEINEM LEBEN? BIST DU BEREIT, IHR ZU FOLGEN?

....

....

....

....

....

....

GEISTESBLITZE

....

....

....

SONNTAG:

- Schlafqualität:.............................
- Powerhandlung:...........................
- Deep-Flow-Zeiten:........................
- Zeit für mich:..............................
- Morgenritual   ■ Abendritual

SAMSTAG:

- Schlafqualität:.............................
- Powerhandlung:...........................
- Deep-Flow-Zeiten:........................
- Zeit für mich:..............................
- Morgenritual   ■ Abendritual

FREITAG:

- Schlafqualität:.............................
- Powerhandlung:...........................
- Deep-Flow-Zeiten:........................
- Zeit für mich:..............................
- Morgenritual   ■ Abendritual

MONTAG:

- Schlafqualität: ....
- Powerhandlung: ....
- Deep-Flow-Zeiten: ....
- Zeit für mich: ....
- ■ Morgenritual ■ Abendritual

MEINE ABSICHT

....

....

....

....

....

DIENSTAG:

- Schlafqualität: ....
- Powerhandlung: ....
- Deep-Flow-Zeiten: ....
- Zeit für mich: ....
- ■ Morgenritual ■ Abendritual

MITTWOCH:

- Schlafqualität: ....
- Powerhandlung: ....
- Deep-Flow-Zeiten: ....
- Zeit für mich: ....
- ■ Morgenritual ■ Abendritual

DONNERSTAG:

- Schlafqualität: ....
- Powerhandlung: ....
- Deep-Flow-Zeiten: ....
- Zeit für mich: ....
- ■ Morgenritual ■ Abendritual

WAS LÄSST DU NICHT IN DEIN HERZ? UND TUT DIR DAS GUT?

....

....

....

....

....

....

GEISTESBLITZE

....

....

....

SONNTAG:

- ▨ Schlafqualität:................................
- ▨ Powerhandlung:............................
- ▨ Deep-Flow-Zeiten:.........................
- ▨ Zeit für mich:..............................
- ▨ Morgenritual   ▨ Abendritual

SAMSTAG:

- ▨ Schlafqualität:................................
- ▨ Powerhandlung:............................
- ▨ Deep-Flow-Zeiten:.........................
- ▨ Zeit für mich:..............................
- ▨ Morgenritual   ▨ Abendritual

FREITAG:

- ▨ Schlafqualität:................................
- ▨ Powerhandlung:............................
- ▨ Deep-Flow-Zeiten:.........................
- ▨ Zeit für mich:..............................
- ▨ Morgenritual   ▨ Abendritual

Niederlagen sind keine Schande

Für den Moment, wenn dich das Leben mal wieder auf die Knie zwingt: Niederlagen sind kein Ausdruck deines Makels. Sie gehören einfach zum Gesamtpaket »Leben« dazu. Es ist menschlich, dass wir kämpfen, um Niederlagen zu vermeiden. Wer hat schon Bock darauf?

Impuls

Es ist cool, wenn es uns gelingt, uns in einer scheinbar aussichtslosen Situation wieder zu erheben. Wir lernen hier viel über unsere schlummernde Stärke. Doch sich einer echten Niederlage sauber hinzugeben, ist nicht schwach. Es erfordert eine andere, weisere Form der Stärke.

Wenn der Punkt gekommen ist und du weißt, du hast alles gegeben, dann gib nach. Versuch nicht mehr, aus der Niederlage rauszukommen, sondern sinke voll in sie hinein.

Sinke in das Herz deiner Verzweiflung. Dort ist es nämlich still.

Lass dir all deine Bemühungen aus der Hand nehmen.

Sinke in jenen Punkt der Stille, an dem du nichts mehr willst.

Am Tiefpunkt unserer Kapitulation verwandelt sich Verzweiflung in reine Ohnmacht. Und obwohl unser Ego so vieles in diesem Leben tut, um diesen Moment zu vermeiden, ist er doch das Tor zu wahrer Freiheit.

Es ist in der Ohnmacht, dass wir die alten, abgenutzten Aspekte unseres kleinen Ichs loslassen können.

Es ist in der Ohnmacht, dass du ruhig schauen kannst, was natürlich in deine Richtung fließt und was nicht. Was noch zu dir gehört und was nicht.

Es ist in der Ohnmacht, dass sich dir der für dich bestimmte Weg vor die Füße legt.

Es ist in der Ohnmacht, dass du endlich wahrhaft offen bist für die Hilfe, nach der du so oft gerufen hast.

Es ist hier, in der Stille deines Nichtwollens, dass du dich erinnerst:

Ich muss gar nichts.

Ich kann weder gewinnen noch verlieren. Ich bin.

Ich bin frei.

MEINE RÜCKSCHAU FÜR DIE LETZTEN 14 TAGE

Ich habe Sprintziel 1 erreicht: Ja ☐   Nein ☐

Ich habe Sprintziel 2 erreicht: Ja ☐   Nein ☐

Ich habe Sprintziel 3 erreicht: Ja ☐   Nein ☐

DAS LIEF IN DIESEM SPRINT SEHR GUT:

....

....

....

DAS WILL ICH IM NÄCHSTEN SPRINT VERBESSERN:

....

....

....

MEINE WERTVOLLSTEN ERKENNTNISSE:

....

....

....

ICH BIN DANKBAR FÜR:

....

....

....

DEIN SPRINT

FÜHLE DEIN POWERZIEL!

Lege deine Lieblingsmusik auf, die dir Kraft spendet und zum Träumen einlädt. Blättere auf Seite 8 und tauche voll in dein Ziel ein, so als wäre es bereits verwirklicht.

Was oder wer könnte dich in den kommenden 14 Tagen auf deinem Weg zu diesem Ziel wirksam stärken, inspirieren, unterstützen?

....

....

SPRINTZIEL 1

Das werde ich in diesem Sprint für mein Powerziel umsetzen:

....

....

....

SPRINTZIEL 2

Das werde ich in diesem Sprint für meine Gesamt-vision umsetzen:

....

....

....

SPRINTZIEL 3

Das werde ich in diesem Sprint für meine pure Freude umsetzen:

....

....

....

SPRINTCHECK

- ▪ Ich kann meine Sprintziele in diesem Zeitraum realistisch umsetzen.
- ▪ Meine Sprintziele fordern mich ausreichend heraus.
- ▪ Meine Sprintziele unterstützen mein Powerziel, meine Gesamtvision und meine Freude.

NOTIZEN

MONTAG:

- Schlafqualität: ....
- Powerhandlung: ....
- Deep-Flow-Zeiten: ....
- Zeit für mich: ....
- Morgenritual Abendritual

MEINE ABSICHT

....

....

....

....

....

DIENSTAG:

- Schlafqualität: ....
- Powerhandlung: ....
- Deep-Flow-Zeiten: ....
- Zeit für mich: ....
- Morgenritual Abendritual

MITTWOCH:

- Schlafqualität: ....
- Powerhandlung: ....
- Deep-Flow-Zeiten: ....
- Zeit für mich: ....
- Morgenritual Abendritual

DONNERSTAG:

- Schlafqualität: ....
- Powerhandlung: ....
- Deep-Flow-Zeiten: ....
- Zeit für mich: ....
- Morgenritual Abendritual

GEGEN WELCHE ASPEKTE
VON DIR KÄMPFST
DU NOCH? WIE WÄRE
ES, WENN DU HEUTE
ENDLICH FRIEDEN MIT DIR
SCHLIESST?

....

....

....

....

....

GEISTESBLITZE

....

....

....

SONNTAG:

- Schlafqualität:..............................
- Powerhandlung:............................
- Deep-Flow-Zeiten:........................
- Zeit für mich:...............................
- Morgenritual   ■ Abendritual

SAMSTAG:

- Schlafqualität:..............................
- Powerhandlung:............................
- Deep-Flow-Zeiten:........................
- Zeit für mich:...............................
- Morgenritual   ■ Abendritual

FREITAG:

- Schlafqualität:..............................
- Powerhandlung:............................
- Deep-Flow-Zeiten:........................
- Zeit für mich:...............................
- Morgenritual   ■ Abendritual

MONTAG:

- Schlafqualität: ....
- Powerhandlung: ....
- Deep-Flow-Zeiten: ....
- Zeit für mich: ....
- Morgenritual ■ Abendritual

DIENSTAG:

- Schlafqualität: ....
- Powerhandlung: ....
- Deep-Flow-Zeiten: ....
- Zeit für mich: ....
- Morgenritual ■ Abendritual

MITTWOCH:

- Schlafqualität: ....
- Powerhandlung: ....
- Deep-Flow-Zeiten: ....
- Zeit für mich: ....
- Morgenritual ■ Abendritual

DONNERSTAG:

- Schlafqualität: ....
- Powerhandlung: ....
- Deep-Flow-Zeiten: ....
- Zeit für mich: ....
- Morgenritual ■ Abendritual

MEINE ABSICHT

....

....

....

....

....

EINE EINZIGE NEUE, VERRÜCKENDE IDEE KANN DEIN GANZES LEBEN VERÄNDERN. IST ES HEUTE SO WEIT?

....

....

....

....

....

GEISTESBLITZE

....

....

....

SONNTAG:

- Schlafqualität: ....
- Powerhandlung: ....
- Deep-Flow-Zeiten: ....
- Zeit für mich: ....
- Morgenritual   Abendritual

SAMSTAG:

- Schlafqualität: ....
- Powerhandlung: ....
- Deep-Flow-Zeiten: ....
- Zeit für mich: ....
- Morgenritual   Abendritual

FREITAG:

- Schlafqualität: ....
- Powerhandlung: ....
- Deep-Flow-Zeiten: ....
- Zeit für mich: ....
- Morgenritual   Abendritual

Die Kraft des Gebets

Impuls

Viele Menschen sagen: »Ich glaube nicht an Gott, deshalb bete ich nicht.« Dies ist eine viel zu enge Auslegung des Gebets. Ich zum Beispiel betrachte die Welt agnostisch. Kann ich 100 Prozent sicher sein, dass Gott existiert? Nein. Kann ich zu 100 Prozent sicher sein, dass Gott nicht existiert? Nein.

Was ich sicher weiß, ist, dass ich jetzt gerade existiere, denke, handle und dass es ein riesiges Universum gibt, mit dem ich durch jeden Atemzug verbunden bin und in dem ich einen Weg für mich finden darf, der möglichst Sinn ergibt und eine gute Spur hinterlässt.

In diesem Kontext kann ein Gebet sehr verschiedene Ausrichtungen haben. Wir können es nutzen, um uns demütig an unsere Winzigkeit zu erinnern. Auch Atheist*innen tut das sehr gut. Es kann uns aber auch helfen, uns an unseren Werten auszurichten, unsere Absicht zu konzentrieren, um Hilfe zu bitten oder Danke zu sagen.

Ein Gebet kann uns Klarheit, Kraft und Trost schenken. Wenn es eine Quelle gibt, die uns alle erschaffen hat, kann ein Gebet einen Dialog mit dieser Quelle eröffnen. Falls diese Quelle nicht existiert, ist ein Gebet immer noch ein sehr inspirierendes Gespräch mit unserem eigenen Unterbewusstsein. Es kann unsere Intuition und unsere Weisheit aktivieren.

Es gibt nicht die eine, richtige Art zu beten. Finde deine persönliche. Du kannst ein Gebet schreiben oder sprechen. Ich gehe gern auf die Knie. Denn diese Haltung erinnert mich daran, wie wenig ich weiß und wie fehlbar ich bin. Nichtwissen erniedrigt nicht. Es öffnet uns für neue Impulse.

Du musst nicht Gott adressieren, wenn du an keinen Gott glaubst. Du kannst das Universum anrufen, die Liebe, deine Ahn*innen, deine eigene Herzweisheit. Was immer sich für dich stimmig anfühlt.

MEINE RÜCKSCHAU FÜR DIE LETZTEN 14 TAGE

Ich habe Sprintziel 1 erreicht: Ja ☐   Nein ☐

Ich habe Sprintziel 2 erreicht: Ja ☐   Nein ☐

Ich habe Sprintziel 3 erreicht: Ja ☐   Nein ☐

DAS LIEF IN DIESEM SPRINT SEHR GUT:

....

....

....

DAS WILL ICH IM NÄCHSTEN SPRINT VERBESSERN:

....

....

....

MEINE WERTVOLLSTEN ERKENNTNISSE:

....

....

....

ICH BIN DANKBAR FÜR:

....

....

....

DEIN SPRINT

FÜHLE DEIN POWERZIEL!

Lege deine Lieblingsmusik auf, die dir Kraft spendet und zum Träumen einlädt. Blättere auf Seite 8 und tauche voll in dein Ziel ein, so als wäre es bereits verwirklicht.

Was oder wer könnte dich in den kommenden 14 Tagen auf deinem Weg zu diesem Ziel wirksam stärken, inspirieren, unterstützen?

....

....

SPRINTZIEL 1

Das werde ich in diesem Sprint für mein Powerziel umsetzen:

....

....

....

SPRINTZIEL 2

Das werde ich in diesem Sprint für meine Gesamtvision umsetzen:

....

....

....

SPRINTZIEL 3

Das werde ich in diesem Sprint für meine pure Freude umsetzen:

....

....

....

SPRINTCHECK

- ▪ Ich kann meine Sprintziele in diesem Zeitraum realistisch umsetzen.
- ▪ Meine Sprintziele fordern mich ausreichend heraus.
- ▪ Meine Sprintziele unterstützen mein Powerziel, meine Gesamtvision und meine Freude.

NOTIZEN

MONTAG:

- Schlafqualität: ....
- Powerhandlung: ....
- Deep-Flow-Zeiten: ....
- Zeit für mich: ....
- Morgenritual   ▪ Abendritual

MEINE ABSICHT

....

....

....

....

....

DIENSTAG:

- Schlafqualität: ....
- Powerhandlung: ....
- Deep-Flow-Zeiten: ....
- Zeit für mich: ....
- Morgenritual   ▪ Abendritual

MITTWOCH:

- Schlafqualität: ....
- Powerhandlung: ....
- Deep-Flow-Zeiten: ....
- Zeit für mich: ....
- Morgenritual   ▪ Abendritual

DONNERSTAG:

- Schlafqualität: ....
- Powerhandlung: ....
- Deep-Flow-Zeiten: ....
- Zeit für mich: ....
- Morgenritual   ▪ Abendritual

WOMIT KONKRET KANNST DU HEUTE DEINE MITMENSCHEN ÜBERRASCHEN, INDEM DU ETWAS VÖLLIG ANDERS TUST, ALS SIE ES VON DIR GEWOHNT SIND?

....

....

....

....

GEISTESBLITZE

....

....

....

SONNTAG:

■ Schlafqualität:................................

■ Powerhandlung:...............................

■ Deep-Flow-Zeiten:............................

■ Zeit für mich:................................

■ Morgenritual   ■ Abendritual

SAMSTAG:

■ Schlafqualität:................................

■ Powerhandlung:...............................

■ Deep-Flow-Zeiten:............................

■ Zeit für mich:................................

■ Morgenritual   ■ Abendritual

FREITAG:

■ Schlafqualität:................................

■ Powerhandlung:...............................

■ Deep-Flow-Zeiten:............................

■ Zeit für mich:................................

■ Morgenritual   ■ Abendritual

MONTAG:

- Schlafqualität: ....
- Powerhandlung: ....
- Deep-Flow-Zeiten: ....
- Zeit für mich: ....
- Morgenritual ■ Abendritual

MEINE ABSICHT

....

....

....

....

....

DIENSTAG:

- Schlafqualität: ....
- Powerhandlung: ....
- Deep-Flow-Zeiten: ....
- Zeit für mich: ....
- Morgenritual ■ Abendritual

MITTWOCH:

- Schlafqualität: ....
- Powerhandlung: ....
- Deep-Flow-Zeiten: ....
- Zeit für mich: ....
- Morgenritual ■ Abendritual

DONNERSTAG:

- Schlafqualität: ....
- Powerhandlung: ....
- Deep-Flow-Zeiten: ....
- Zeit für mich: ....
- Morgenritual ■ Abendritual

WENN DU DIR VOLL VERTRAUEN WÜRDEST, WAS WÄRE DEIN NÄCHSTER MOVE?

....

....

....

....

....

....

GEISTESBLITZE

....

....

....

SONNTAG:

- Schlafqualität:.............................
- Powerhandlung:.............................
- Deep-Flow-Zeiten:.............................
- Zeit für mich:.............................
- Morgenritual   ▪ Abendritual

SAMSTAG:

- Schlafqualität:.............................
- Powerhandlung:.............................
- Deep-Flow-Zeiten:.............................
- Zeit für mich:.............................
- Morgenritual   ▪ Abendritual

FREITAG:

- Schlafqualität:.............................
- Powerhandlung:.............................
- Deep-Flow-Zeiten:.............................
- Zeit für mich:.............................
- Morgenritual   ▪ Abendritual

Stille

Impuls

Es ist laut geworden, unser Leben.

Außen und innen.

Dabei ist alles, wonach du dich sehnst, hier.

Du musst nicht rennen, nicht kämpfen, nicht angestrengt hinterherrennen.

Du darfst mutig und smart sein und hin und wieder still werden.

Hol dir die Stille zurück oder kehre wieder in sie ein.

Lass das Radio ruhig laufen, den Verstand ruhig denken.

Tiefer als das ist immer etwas still.

Ich wette, du kannst DAS sogar jetzt erahnen, während du diese Zeilen liest.

Es ist immer da.

Der leise, unbewegte Urgrund.

Das nie betretene Schneefeld.

Das All, welches nie geboren wurde.

Du musst nichts dafür tun.

Es ist ja da.

Einfach nur tief und sanft ausatmen und durch die Lücke zwischen den nächsten zwei Gedanken in die Tiefe sinken.

Dorthin, wohin dir Urteile und Lärm nicht mehr folgen können.

Falls du denkst, du könntest das nicht oder hättest vielleicht sogar Angst davor, still zu werden: Das bist nicht du, der das denkt. Es ist nur eine piepsige Stimme in deinem Kopf.

Sie weiß, dass sie nicht du ist und dass sie nicht mit dir über die Schwelle des Mysteriums treten kann.

In die Stille.
In die Freiheit.
In das, was vollkommen ist.
In dich.

MEINE RÜCKSCHAU FÜR DIE LETZTEN 14 TAGE

Ich habe Sprintziel 1 erreicht: Ja ☐   Nein ☐

Ich habe Sprintziel 2 erreicht: Ja ☐   Nein ☐

Ich habe Sprintziel 3 erreicht: Ja ☐   Nein ☐

DAS LIEF IN DIESEM SPRINT SEHR GUT:

....

....

....

DAS WILL ICH IM NÄCHSTEN SPRINT VERBESSERN:

....

....

....

MEINE WERTVOLLSTEN ERKENNTNISSE:

....

....

....

ICH BIN DANKBAR FÜR:

....

....

....

Deine Jahresvollendung

Du bist am Ende eines großen Kreislaufs angekommen. Ein kostbares Jahr deines Lebens ist vorbei. Vieles ist hoffentlich gut gelaufen. Doch wahrscheinlich wurdest du auch überrascht, getestet, bist manchmal in die Knie gegangen.

Oft erkennen wir erst im Rückblick den Sinn und den Wert einer Erfahrung. Nutze diese Seiten, um die Ernte deiner Erfahrungen heimzuholen, die Vergangenheit loszulassen und voll in der Gegenwart anzukommen.

Noch ein Tipp: Hat dir dieses Buch gutgetan? Dann hol dir die aktuelle Ausgabe (www.shop.homodea.com).

Rückblickend war das Motto dieses Jahres:

....

....

Wenn ich an dieses Jahr zurückdenke, fühle ich ...

....

....

....

....

....

Ich bin diesem Jahr dankbar für ...

....

....

....

....

....

Wenn ich an dieses Jahr zurückdenke, bereue ich ...

....

....

....

....

....

Folgendes möchte ich mir vergeben:

....

....

....

....

....

Folgendes möchte ich anderen Menschen vergeben:

....

....

....

Meine wichtigsten kleinen und großen Erfolge in diesem Jahr:

....

....

....

....

Meine bedeutsamsten Erkenntnisse:

....

....

....

Darauf bin ich wirklich stolz, wenn ich an dieses Jahr zurückdenke:

....

....

....

Die menschlichen Engel, die mich in diesem besonderen Jahr begleitet und unterstützt haben, waren:

....

....

....

....

Wissen sie das? Folgenden Menschen möchte ich von Herzen danken:

....

....

....

....

Folgendes möchte ich mir jetzt selbst liebevoll sagen, damit ich alles Alte in Frieden loslassen und voll im Reichtum meiner Gegenwart ankommen kann:

....

....

....

....

....

Veit Lindau

Veit Lindau gilt im deutschsprachigen Raum als der Experte für die integrale Selbstverwirklichung des Menschen und erreicht mit seinen wachrüttelnden Vorträgen, Seminaren und Videos ein großes, sehr gemischtes Publikum. Gemeinsam mit seiner Frau hat er eine große Life Coaching Community aufgebaut (homodea.com), mit derzeit über 100 000 Mitgliedern. Er hat mittlerweile 29 Bücher geschrieben, neun davon *SPIEGEL*-Bestseller. Für sein Buchwerk wurde er mit dem Coaching Award ausgezeichnet. Außerdem bildet er Life Trust Coaches und Integrale Business Coaches aus. Du findest Veit auf www.veitlindau.com, www.homodea.com, auf Instagram und Facebook.

© Paul Königer

MEHR ENERGIE,
MEHR WOHLBEFINDEN!

ISBN 978-3-8338-8853-3

ISBN 978-3-8338-8108-4

ISBN 978-3-8338-7717-9

ISBN 978-3-8338-8153-4

ISBN 978-3-8338-8275-3

 Auch als eBook erhältlich.

Impressum

© 2023 GRÄFE UND
UNZER VERLAG GmbH,
Postfach 860366, 81630 München

**GRÄFE
UND
UNZER**

EDITION

Gräfe und Unzer ist eine eingetragene
Marke der GRÄFE UND UNZER VERLAG
GmbH, www.gu.de

ISBN 978-3-8338-9155-7
1. Auflage 2023

Projektleitung: Ariane Hug
Lektorat: Silke Panten
Umschlaggestaltung & Layout: ki36,
Editorial Design, München
Herstellung: Markus Plötz
Satz: Björn Fremgen, KONTRASTE
Reproduktion: Repro Ludwig, Zell am See
Druck und Bindung: Florjancic Tisk,
Slowenien

Umwelthinweis:

Dieses Buch ist auf PEFC-zertifiziertem
Papier gedruckt. PEFC garantiert, dass
Holz- und Papierprodukte aus nachhaltig
bewirtschafteten Wäldern stammen.

Wichtiger Hinweis:

Die Informationen in diesem Buch
stellen die Erfahrungen und die Mei-
nung des Autors dar. Sie wurden von
ihm nach bestem Wissen erstellt und
mit größtmöglicher Sorgfalt geprüft.
Sie bieten jedoch keinen Ersatz für
persönlichen kompetenten medizini-
schen Rat. Weder der Autor noch der
Verlag können für eventuelle Nachtei-
le oder Schäden, die aus den im Buch
gegebenen praktischen Hinweisen re-
sultieren, eine Haftung übernehmen.

Die GU-Homepage finden Sie unter
www.gu.de

**GRÄFE
UND
UNZER**

Ein Unternehmen der
GANSKE VERLAGSGRUPPE